Sous la direction
de Blaise Mao et Elisa Thévenet

Les Nouvelles Lettres Persanes

Les éditions Usbek & Rica

« Tout m'intéresse, tout m'étonne. »
Montesquieu, *Lettres Persanes*, 1721

« Nous n'avons aucun futur car notre présent est volatil. »
William Gibson, *Identification des schémas,* 2003

PRÉFACE

Jeudi 3 juin 2010, cinq jours après la commercialisation en France de l'iPad, la tablette tactile d'Apple, les bonnes librairies du pays mettaient en avant sur leurs étals le premier numéro d'une revue trimestrielle de cent quatre-vingt-douze pages baptisée *Usbek & Rica*. Promesse éditoriale affichée (déraisonnable mais excitante) : *« explorer le futur »*, le tout *« avec enthousiasme et optimisme »*. Et sur papier, donc. *Usbek & Rica*... Un nom à l'orthographe exotique et au potentiel commercial suicidaire. Celui des deux protagonistes des *Lettres Persanes*, roman épistolaire de Charles Louis de Secondat, baron de La Brède et de Montesquieu, publié pour la première fois en 1721, de façon anonyme et depuis la Hollande, pour contourner la censure. Une œuvre qui marque l'aube d'un nouveau siècle, celui des Lumières.

À travers la correspondance de deux Persans rendant compte à leurs compatriotes de leur périple jusqu'en France – et surtout de la vie à la cour du roi Louis XIV puis du régent Philippe d'Orléans –, Montesquieu fait du regard étranger le meilleur moyen de se livrer à une critique subtile des mœurs de son temps. À défaut d'inventer le genre, les *Lettres Persanes* lancent la mode du roman épistolaire, forme littéraire emblématique du

XVIIIe siècle. Mais au-delà de son audace formelle, l'ouvrage se distingue par son ton et son propos. Voilà un livre charmant et charmeur, joyeux même quand il se veut grave, débordant toujours d'une ironie mordante. « *En France et bientôt en Europe, c'est un immense éclat de rire ; Montesquieu a gagné, d'autant qu'on commence par rire, et qu'on finit par réfléchir* », écrit Catherine Volpilhac-Auger, professeure émérite de littérature française, dans la biographie qu'elle a consacrée au philosophe (*Montesquieu*, Folio, 2017).

En posant des questions que personne ne se pose encore (ou n'ose formuler), Montesquieu, à tout juste trente-deux ans, pique là où ça fait mal, dévoile ou dénonce. Son recours à la fiction est tout sauf anecdotique : il lui permet d'enfiler des masques, d'emprunter des chemins de traverse. En se mettant dans la peau d'un Persan libre mais aspirant à toujours plus de liberté, d'un eunuque soumis mais puissant, d'une courtisane enfermée dans son sérail, Montesquieu parle avec une acuité inédite de son pays et de la mentalité de ceux qui le peuplent. Surtout, il ouvre de nouvelles perspectives, dont la modernité, avec trois siècles de recul, se révèle saisissante. Ainsi de cette fameuse lettre LXXVI, adressée par Usbek à son ami Ibben, qui s'interroge sur la reconnaissance – inconcevable à l'époque – du droit au suicide.

Dans les pas du binôme persan dont il porte le nom, le média *Usbek & Rica* fonde sa démarche journalistique dans cet art dc l'étonnement, dans cette recherche incessante du décentrement et de la prise de hauteur.

Cette ambition guide aujourd'hui les *Nouvelles Lettres Persanes*, une collection de livres dont le présent ouvrage est le premier titre. Elle espère répondre à la panne des imaginaires qui caractérise notre époque où le futur est partout et nulle part à la fois. Les entreprises se ruent sur la nouvelle génération d'intelligences artificielles génératives, le télescope spatial James Webb nous envoie des photos renversantes des anneaux de Neptune, les assureurs élaborent toutes sortes de scénarios sur l'état du monde à la fin de ce siècle, et pourtant, notre ressort prospectif semble cassé.

Pour dépasser cette tyrannie du présent, il nous faut ramasser tous les fragments de futurs possibles pour mieux les interpréter, les adapter et les réassembler. Au XXe siècle, on grandissait la tête pleine d'images de ce que pourrait être le futur. Fantasmer le siècle à venir était non seulement possible, mais facile, même si cela signifiait souvent s'imaginer monter dans une voiture volante ou vivre dans une station orbitale. Aujourd'hui, quelles sont nos images mentales du XXIIe siècle ? L'époque n'est plus aux visions globales, univoques et excluantes. Le futur est un joyeux bordel. Et pour l'appréhender, il nous faut bâtir des œuvres collectives qui juxtaposent les regards, les imaginaires et les opinions.

Peut-on encore rêver à des futurs désirables ? *Usbek & Rica* a demandé à vingt-huit personnalités (écrivains, astronautes, dessinateurs, entrepreneurs ou encore scientifiques), n'ayant rien d'autre en commun que leur curiosité et l'excellence de leur expertise, d'y réfléchir et d'adresser une Lettre Persane au destinataire de leur choix. De privilégier la nuance pour éclairer la complexité de notre temps. De préférer aux vertus de la morale celles de l'émerveillement. De faire preuve d'audace et de fuir les lieux communs. Le tout en n'oubliant jamais, en chemin, l'ironie et l'humour.

À l'image du roman épistolaire dont elles s'inspirent, ces lettres évoquent le désir d'émancipation, le refus de l'obscurantisme, la transformation du climat et ses effets sur la condition humaine, mais aussi la quête du bonheur, cette préoccupation universelle qui traverse tous les écrits de Montesquieu. Dans les pages qui suivent, un rappeur convoque ainsi son smartphone pour interroger le sens de son existence, une linguiste imagine la privatisation à venir des mots, un romancier souffrant du syndrome de la page blanche invoque un génie pour retrouver l'inspiration, une publicitaire se met dans la peau d'une réfugiée politique, et un navigateur déclare sa flamme au jazz.

« L'honnête homme du XXIe siècle est curieux jusqu'à la contradiction : il aime à la fois Lionel Messi et Umberto Eco, la politique politicienne et celle d'Aristote, Hannah Arendt et 50 Cent. » Voilà ce qu'*Usbek & Rica* écrivait dans l'édito de son tout premier numéro. Treize ans plus tard, nous n'avons pas changé d'avis : seule la pluralité des regards permet de s'extraire de l'urgence, de privilégier la compréhension à la confrontation. Le livre que vous tenez entre les mains n'est ni un essai philosophique ni un roman épistolaire. Il a été conçu comme une expérience littéraire, un recueil de pensées

entre la chronique et la fiction, un kaléidoscope d'idées couchées sur papier pour mieux appréhender notre époque et celle qui vient. Histoire de donner raison à la bien jolie formule de l'écrivain Hervé Le Tellier : « *L'avenir ne peut être qu'une multitude de récits.* »

*Blaise Mao, rédacteur en chef d'*Usbek & Rica
Elisa Thévenet, rédactrice en chef adjointe du magazine

CATHERINE VOLPILHAC-AUGER

Montesquieu « *préférait parler de ses œuvres plutôt que de lui-même* », écrit Catherine Volpilhac-Auger dans les dernières pages de la biographie qu'elle a consacrée au philosophe (Folio, 2017). L'universitaire, professeure émérite de littérature française moderne et contemporaine à l'ENS de Lyon, maîtrise autant la vie que l'œuvre de l'auteur des *Lettres Persanes*. Elle est notamment responsable du *Dictionnaire Montesquieu* en ligne et dirige l'édition des *Œuvres complètes* du philosophe (ENS Éditions et Classiques Garnier). Aujourd'hui considérés comme fondateurs des Lumières, les écrits de Montesquieu ont inspiré une génération de penseurs qui ont mis la raison et l'humanité au cœur de toute chose. Parmi ses lecteurs les plus critiques, le jeune Voltaire qui choisit d'autres voies pour défendre les mêmes valeurs. Montesquieu jugeait sévèrement l'homme et admirait peu son œuvre ; quant à Voltaire, il attendit la mort de son aîné pour l'attaquer férocement. Pour sa Lettre Persane, Catherine Volpilhac-Auger signe une correspondance imaginaire entre les deux auteurs, une plongée érudite dans les fondements de l'œuvre de Charles Louis de Secondat, baron de La Brède et de Montesquieu, qui créa il y a trois cent deux ans les personnages d'Usbek et Rica.

LETTRE I

Montesquieu à Voltaire
Château de la Brède, le 3 juin 1750

Monsieur,

Nous nous connaissons, nous nous saluons à l'occasion, et repartons chacun de notre côté. Je ne suis pas fâché d'être dispensé de vous parler ; pourtant nous sommes du même bord, car nous sommes de ceux qu'on appelle les Philosophes, quoique je me sente plutôt homme de lettres. Mais quelle différence entre nous !

Vous aimez les grandes causes, vous détestez l'injustice, vous vibrez, vous avez la fièvre à chaque anniversaire de la Saint-Barthélemy, et je pense que vous êtes sincère, même si vous l'êtes un peu trop ostensiblement. Je crois d'ailleurs que vous n'avez pas tant détesté être envoyé à la Bastille, et même deux fois. Je n'ai pas votre vocation de martyr, et je n'aime pas la provocation : j'ai toujours préféré susciter la réflexion plutôt que l'indignation, même si je reconnais que celle-ci est parfois nécessaire, et que par ailleurs, rien ne sert mieux un ouvrage que d'être interdit. Mes *Lettres Persanes* en avaient-elles besoin ? Elles s'étaient répandues en

France sans que je fasse rien, sans tapage dans les journaux, sans protection en haut lieu ni controverse (je ne dis pas cela pour vous). En 1721 a commencé, dans un grand éclat de rire, l'ère des Lumières.

À des pensées neuves, il fallait une forme nouvelle, et cela n'a pas déplu. Les lettres m'offraient la possibilité de tout dire, d'enchaîner les portraits satiriques et les idées les plus sérieuses, de traiter de l'Europe et de la Perse, de parler de religion comme de coquetterie, d'évoquer des femmes enfermées pour le plaisir d'un seul homme et l'aspiration de ce même homme à la liberté. Je suis même arrivé à suggérer (mais bien longtemps après leur parution) que les *Lettres Persanes* n'étaient qu'un roman ; que pouvais-je inventer de mieux ? Ma liberté d'auteur était à l'image de la liberté de penser que je voulais insuffler dans ces lettres.

L'essentiel était cependant ailleurs, car j'avançais masqué, plus que vous ne l'avez jamais fait : intriguer le lecteur pour retenir son attention, l'intéresser et l'amuser pour l'inciter à se regarder lui-même dans le miroir que lui tendent mes voyageurs persans, puis l'attirer derrière ce miroir, face au vide – s'il n'y a pas de Dieu, la justice existe-t-elle ? Y a-t-il eu un temps avant la Création ? D'autres mondes que le nôtre sont-ils possibles ? Penser sans entraves n'est pas jouer de son esprit, mais en jouir.

Entre-temps j'aurai promené mes lecteurs d'Espagne en Russie, de la Comédie-Française à Notre-Dame, et du coq à l'âne, car rien n'est plus monotone que la ligne droite : alors que tout se tient en ce monde (je suis très attaché à cette idée), notre esprit a besoin d'être surpris pour être constamment en éveil. Je pouvais ainsi leur faire retrouver les principes de la morale et découvrir ceux de la politique, franchir les lignes dont ils comprenaient alors qu'elles avaient été des limites – en un mot, les étonner sans jamais les déconcerter, et peut-être les conduire là où ils souhaitaient eux-mêmes aller, mais sans le savoir.

Quand mes Persans, décrivant avec leurs propres mots les plus nobles des institutions, les réduisaient à une mascarade parce qu'ils en ignoraient les règles, mes lecteurs applaudissaient, prêts à appliquer ce principe à toutes les conventions d'une société qui ne peut pourtant vivre sans, mais qui doit les reconnaître comme telles. Ils s'étonnaient de leur audace en riant d'eux-mêmes, et admiraient la mienne : n'avais-je pas moqué l'aïeul du roi régnant ? Prétendu que les femmes étaient les égales des hommes, et leur étaient parfois supérieures ? Dénoncé comme autant de superstitions les usages les plus consacrés de la religion chrétienne ? En multipliant les insolences, je trouvais toujours un nouveau public, frappé de la justesse de mes remarques ; en attirant le regard sur une effronterie, je détournais l'attention d'une proposition téméraire qui n'en faisait pas moins son chemin dans les esprits.

Je n'ai pas pour autant voulu paraître sur le devant de la scène : mon nom n'a figuré que bien tard – et malgré moi – sur la page de titre des *Lettres Persanes*. Vous pensez me comprendre, vous qui avez si souvent usé d'un anonymat transparent ou de pseudonymes, afin de jouer au chat et à la souris avec les autorités (mais qui était censé attraper l'autre ?). Mon ambition ne va pas si loin : je considère que c'est à moi de décider si je dois être connu. Je n'ai jamais renié les *Lettres Persanes*, même quand un ministre l'a exigé (c'est lui qui a plié), ni cédé aux moindres pressions quand on voulait me faire corriger ce qui offensait la toute-puissante Église catholique : le droit de caricaturer le pape et la liberté de se suicider ne se négocient pas.

Votre imprudence vous a souvent mis en danger, ce qui n'a jamais été mon cas. Les douves et les tours de mon château de La Brède, qui tient toujours fièrement debout, ont fait croire un peu vite que j'étais un seigneur féodal, alors que votre aimable résidence de Ferney attirait toute l'Europe ; mais j'ai appris au monde à faire fonctionner un régime politique, et même la démocratie, alors que vous n'aviez que méfiance pour le peuple. Vous m'avez beaucoup critiqué, surtout, j'en ai peur, parce que vous ne me compreniez pas. Mais nous avons poursuivi le même combat pour la philosophie, avec les mêmes armes qui ne s'usent jamais : l'esprit et l'ironie.

Je vous salue donc, Monsieur, car votre œuvre le mérite, mais de loin, comme vous le méritez.

Montesquieu

FRANÇOIS GEMENNE

À l'automne 2010, *Usbek & Rica* avait sollicité les lumières de François Gemenne sur le futur des Maldives. À l'époque, il était l'un des rares universitaires francophones à s'inquiéter de son possible engloutissement à cause du réchauffement climatique. Treize ans plus tard, le chercheur est devenu l'une des voix les plus pertinentes sur les questions climatiques et migratoires. Directeur de l'observatoire Hugo, un centre de recherche basé à Liège, enseignant en politiques de l'environnement à Sciences Po, à la Sorbonne et à HEC, coauteur en 2021 du sixième rapport du Groupe d'experts intergouvernemental sur l'évolution du climat (GIEC), président du conseil scientifique de la Fondation pour la Nature et l'Homme depuis le printemps 2023, il a publié ces dernières années plusieurs ouvrages essentiels, parmi lesquels *On a tous un ami noir* (Fayard, 2020), *Géopolitique du climat* (Armand Colin, 2021) et *L'écologie n'est pas un consensus* (Fayard, 2022). Il a choisi d'adresser sa Lettre Persane aux électeurs de l'État de Virginie-Occidentale, qui, en votant en 2000 pour George W. Bush, ont infléchi l'histoire de notre espèce et celle de la planète Terre.

LETTRE II

François Gemenne
aux électeurs de Virginie-Occidentale
Paris, le 29 juillet 2023

Chers électeurs de Virginie-Occidentale,

Le 7 novembre 2000, vous avez voté républicain, et cela a modifié le cours de l'Histoire. Traditionnellement, votre État était plutôt considéré comme un « État bleu », un bastion démocrate. Mais ce jour-là, pour la cinquième fois seulement depuis 1932, vous avez choisi le candidat républicain à l'élection présidentielle. La dernière fois, c'était en 1984, pour Ronald Reagan, et il faut dire que les démocrates n'avaient pas vraiment désigné un cador avec Walter Mondale. Le pauvre n'avait remporté que son État d'origine, le Minnesota, et Reagan avait gagné les quarante-neuf autres – même l'État de New York!

Mais en 2000, donc, vous avez préféré George W. Bush. Plus exactement, trois cent trente-six mille quatre cent soixante-quinze d'entre vous ont voté pour le candidat républicain. Et votre État a basculé en rouge, à 51,92 %. Cette année-là, le parti démocrate était pourtant représenté par Al Gore, le vice-président de Bill Clinton, en faveur duquel vous aviez déjà largement voté, à deux reprises.

De cette élection décisive, on a surtout retenu la pagaille du décompte des voix en Floride, les recomptages, l'incertitude, et finalement la décision de la Cour suprême, le 12 décembre 2000, d'attribuer les vingt-cinq grands électeurs de Floride à George W. Bush, par cinq voix contre quatre. Même si Al Gore avait remporté le vote populaire, George Bush comptait désormais deux cent soixante et onze grands électeurs, cinq de plus que son adversaire. Cela s'est joué sur le fil, vraiment. Sur le vote d'un juge de la Cour suprême plus exactement. Mais George Bush a finalement été déclaré vainqueur.

À cause de tout cela, on a totalement oublié que vos cinq grands électeurs, en Virginie-Occidentale, étaient passés dans le camp républicain cette année-là. Si vous aviez voté démocrate comme toujours, Al Gore aurait remporté l'élection. La Floride, les recomptages, la décision de la Cour suprême, tout cela n'aurait eu aucune importance : c'est Al Gore qui aurait eu deux cent soixante et onze grands électeurs. Le résultat de l'élection aurait été complètement inversé. Et la marche du monde sans doute aussi.

J'ai souvenir, adolescent, de ces années 1990 où l'on parlait encore de *mondialisation heureuse*, de *village global*, et où l'on se disait volontiers *citoyen du monde*. J'ai de vagues réminiscences des Jeux olympiques de

Barcelone, où l'Est et l'Ouest étaient enfin réunis, ou encore du Sommet de la Terre à Rio, où l'on pensait avoir résolu tous les grands problèmes écologiques : le changement climatique, la perte de la biodiversité et la désertification. C'étaient les grandes années de la coopération internationale et du multilatéralisme, une décennie où j'avais sincèrement l'impression que les frontières allaient finalement s'ouvrir et où l'on se promettait, la main sur le cœur, que plus jamais des murs ne sépareraient les peuples.

On dit souvent que tout a basculé le 11 septembre 2001, mais moi je crois que c'est arrivé quelques mois plus tôt, quand George W. Bush a annoncé, en mars de la même année, que les États-Unis ne ratifieraient pas le protocole de Kyoto, signé quatre ans plus tôt. Face au grand enjeu du XXIe siècle, et alors même que nous n'y étions pas encore tout à fait entrés, les États-Unis faisaient cavalier seul, affirmant crânement que leur mode de vie n'était *« pas négociable »*. De quoi plomber la crédibilité du protocole de Kyoto, qui ne sera finalement mis en œuvre qu'en 2005, huit longues années après sa signature. C'est le moment où la coopération internationale sur le climat a vraiment déraillé pour la première fois, annonçant une longue suite d'échecs et de déceptions, qui se poursuivent aujourd'hui encore, en dépit de quelques succès éphémères. Si le protocole de Kyoto, premier traité international contraignant sur le climat, avait eu ce supplément de crédibilité, on peut imaginer qu'on aurait amorcé la transition énergétique beaucoup plus tôt. Si les États-Unis avaient ratifié ce texte, on peut penser que les accords internationaux signés par la suite auraient été plus contraignants. Si Al Gore avait été élu à la présidence des États-Unis, sans doute la coopération internationale n'aurait-elle pas perdu tout ce temps, tout simplement.

Mais George W. Bush venait du Texas, le cœur de l'industrie du pétrole aux États-Unis. Et Al Gore était connu pour son engagement dans la lutte contre le changement climatique. Pendant la campagne, Bush avait activement contribué à semer le doute sur la réalité de ce changement. À l'époque, on parlait encore de *réchauffement global*, mais son conseiller sur les questions environnementales, Frank Luntz, lui avait vivement recommandé d'abandonner ce terme qui inquiéterait l'électorat pour celui, plus rassurant, de *changement climatique*. Dans une note adressée pour les élections de mi-mandat, en 2002, il lui avait également suggéré de prétendre qu'il n'existait aucun consensus scientifique sur ce sujet, alors même que le GIEC venait tout juste de rendre son troisième rapport d'évaluation.

Pourquoi Al Gore a-t-il perdu votre État, en ce mois de novembre 2000 ? Peut-être à cause de cela, justement. Le cœur – j'ai failli écrire « le poumon » – de l'économie en Virginie-Occidentale, c'est le charbon, vous le savez. On l'extrait dans des mines à ciel ouvert, après avoir décapité le sommet des montagnes et creusé un trou béant dans la roche. Aujourd'hui encore, c'est votre État qui fournit l'essentiel du charbon consommé aux États-Unis.

Vous êtes-vous sentis personnellement visés, ou même agressés, quand Al Gore s'attaquait aux énergies fossiles ? Avez-vous considéré qu'un pétrolier serait le meilleur garant de vos intérêts charbonniers ? Avez-vous craint que la lutte contre le changement climatique ne menace directement vos emplois ? Sans doute un peu tout cela à la fois.

Auriez-vous voté autrement, si vous aviez su l'importance que ce scrutin allait avoir sur le cours de l'Histoire ? Peut-être pas. D'ailleurs, depuis cette élection de 2000, vous avez continué à voter républicain.

Si Al Gore était devenu le quarante-troisième président des États-Unis d'Amérique, tellement de choses auraient été différentes... Si vous aviez envoyé vos cinq grands électeurs au candidat démocrate ce soir du 7 novembre 2000, la coopération internationale n'aurait peut-être pas été fracturée, et le mois de juillet 2023, au moment où j'écris ces lignes, n'aurait certainement pas été le mois le plus chaud de l'Histoire.

Je n'écris pas ceci pour vous accabler, chers électeurs de Virginie-Occidentale. J'écris ceci simplement pour vous dire qu'il suffit parfois d'un rien pour altérer le cours de l'Histoire.

Sans rancune,
François Gemenne

PHILIPPE PUJOL

Braquages, règlements de comptes, trafic de stupéfiants… Philippe Pujol a couvert des centaines d'affaires dans les colonnes de *La Marseillaise*. Pendant dix ans, il a raconté les biturbines et les conteneurs qui débarquaient dans la cité phocéenne le ventre rempli de drogues à écouler. Ses articles sont des polars qui esquissent la marge et peignent une ville malade où se décuplent les problèmes sécuritaires qui gangrènent l'Hexagone. De ses années à sillonner les quartiers nord, il a tiré deux livres, *French deconnection : au cœur des trafics* (Robert Laffont, 2014) et *La fabrique du monstre* (Les Arènes, 2016), sans oublier un prix Albert Londres (2014). Un Graal journalistique qui récompense sa plume acide et son travail au croisement de la sociologie et de la chronique politique. Pour sa Lettre Persane, il a choisi de plonger une nouvelle fois dans les cités nord et d'écrire à Sabrina Agresti-Roubache, amie d'enfance devenue secrétaire d'État chargée de la Ville. Une lettre coup de poing qui décrit sans fard le désespoir d'une famille.

LETTRE III

Philippe Pujol à Sabrina Agresti-Roubache
Marseille, le 20 août 2023

Madame la secrétaire d'État chargée de la Ville,

Un monstre, un seul, enfante tous les radicalismes. Le radicalisme politique avec une extrême droite qui progresse d'élection en élection ; le radicalisme religieux et ses crispations palpables dans chacun des trois monothéismes, surtout depuis le début des années 2000 ; et le radicalisme délinquant, dont l'homicide demeure l'ultime passage à l'acte, l'aboutissement de la logique ultralibérale d'une pègre dénuée de contraintes économiques et sociales autant que morales. Ce monstre, tu le connais, c'est la violence sociale.

Je te décris succinctement ici, Sabrina, le système qui, me semble-t-il, permet cette spirale délinquante. Je me permets de te tutoyer dans ce courrier, comme dans la vie, sans l'ombre d'un irrespect pour ta fonction de ministre. Nous nous connaissons depuis longtemps, tu as produit l'un de mes films sur l'islam à Marseille, et même si nos opinions politiques divergent désormais, cela n'a pas entamé notre amitié, celle de deux enfants du même quartier pauvre de Marseille. Des quartiers qui plongent toujours plus dans la paupérisation. Je connais souvent ceux qui sont tués à l'arme de guerre, ceux qui tirent, ceux qui pleurent et ceux qui se vengent – parfois ils sont tout à la fois. Je côtoie certaines familles depuis des décennies. En une fraction de vie, j'ai vu naître, grandir et mourir un fils et parfois même son frère. Plus de balles que de bougies...

Ces gamins démarrent pleins de rêves, comme n'importe quel gamin, pour se remplir rapidement de frustrations. Voilà un beau carburant à emmerdes, la frustration ! Tu les connais comme moi, ces minots attirés par cette débauche de consommation qui leur donne le sentiment d'être quelqu'un : d'abord il faut des baskets TN, ensuite une moto KTM, puis une Audi RS 4 gris Nardo... On est quelqu'un quand on a gros. Avec l'adolescence et les désillusions, je vois enfler sans cesse ce complexe d'infériorité attisé par un racisme constant dont tout gamin des quartiers populaires est quotidiennement victime. C'est chaque fois pareil : quand ces jeunes ne sont plus considérés comme des enfants mais comme de potentiels fauteurs de troubles, la mèche s'allume, le Kalashnikov Dream. Ils ne veulent pas changer la société, ils veulent leur part, un remboursement pour la somme des désenchantements déjà vécus en quelques courtes années. L'héroïsation des crapules – ceux que l'on respecte parce qu'on les craint – marque la première étape, comme si le banditisme était une alternative à une société injuste, comme si le crime allait leur laisser une chance... Nouvelle désillusion.

Des frères d'une famille avec qui je me suis depuis longtemps lié d'amitié ont connu tout cela : quand l'aîné a été tué d'une balle, le père haché à la kalach' l'année suivante, les deux derniers frères, malgré mes tentatives de soutien, sont tombés dans les petits trafics, donc en prison. L'un d'eux avait été un jour enfermé dans le coffre d'une voiture par des petites frappes qui allaient le liquider et s'en vantaient sur Snapchat. La police ne croyait pas la mère qui les appelait au secours, et c'est par mon intervention auprès du préfet de police de l'époque que le gamin avait finalement été extrait du coffre par une brigade anticriminalité dépêchée en urgence. Le calvaire de cette famille est quotidien. Les sœurs sont agressées si souvent par les dealers du clan d'en face qu'elles ne sortent presque plus. Il y a peu, mère et filles ont été victimes d'une attaque jusque dans leur domicile : la porte d'entrée a été criblée de balles, et les agresseurs seraient probablement rentrés sans le réflexe de la cadette de faire tomber le frigo devant la porte qu'ils enfonçaient à coups de pied, le temps de s'enfuir par un fenestron à l'arrière. Cette famille, qui vit près des assassins du frère aîné, n'a toujours pas été relogée : je le demande pourtant depuis plusieurs années, et j'espère que ce drame évité de justesse précipitera enfin le bon sens.

On pourrait se demander pourquoi toute cette violence se manifeste alors que, tu le sais comme moi, la discrétion est essentielle à la bonne marche d'un réseau de stupéfiants. La réponse est simple : l'exploitation à moindre coût. Le banditisme n'est pas partageur et a besoin de gens vulnérables pour fonctionner sans trop de dépenses. Le trafic de drogue consomme beaucoup de main-d'œuvre (guetteurs, vendeurs, coupeurs...), toute une petite armée de mecs vite ambitieux qui risqueraient de devenir de futurs concurrents. Le Kalashnikov Dream est un outil très puissant de ressources humaines pour les véritables trafiquants. Des gamins s'échappent des foyers de la France entière pour venir faire fortune à Marseille : on leur répète à longueur d'émissions et de films qu'ici le fric coulerait à flots pour ceux qui veulent « jober ».

La réalité est tout autre : si l'on annonce bien un tarif journalier à cent euros, c'est plutôt l'endettement que l'on obtient. Au premier problème, personne n'est payé ; et des problèmes, il y en a plusieurs fois par jour. À la première saisie par la police, il faut rembourser ; et les saisies sont quotidiennes. Un gamin échappé d'un foyer de l'autre bout de la France n'a aucun repère, aucun contact, aucun moyen de trouver de l'aide, une fois réduit à l'esclavage dans une cité de Marseille. Et les jeunes Marseillais qui travaillent avec lui ont eux-mêmes trop d'ennuis pour s'en créer de nouveaux en jouant la solidarité entre travailleurs. La violence, finalement, n'est qu'un outil pour réguler toute cette main-d'œuvre.

Sabrina, la désillusion jette des gamins dans un système qui les exploite. Un système délinquant qui les endette jusqu'à les précipiter au bord du gouffre, qui rend tout possible, même le meurtre. Les vrais dealers, ceux d'en haut, regardent s'entre-tuer des gosses qui ne deviendront jamais de possibles concurrents. Un système cynique qui se renforce lorsqu'on lutte contre lui. Les seuls « dealers » que l'on attrape sont les petits trafiquants, et ils sont mis là pour cela. Tu sais ce que je vais te dire : à mon sens, la police n'est pas la solution ; elle est nécessaire mais impuissante. La réponse se joue dans la défense précoce et incessante des plus faibles.

Madame la secrétaire d'État chargée de la Ville, la violence sociale est un flingue chargé de délinquance ; sans l'arme, les balles ne sont plus rien.

Philippe Pujol

JEAN-FRANÇOIS CLERVOY

Le 21 juillet 1969, l'ombre d'Apollo 11 s'immobilise. Neil Armstrong s'extrait du vaisseau et s'avance. Un pas, puis deux. L'homme vient de marcher sur la Lune. Jean-François Clervoy a dix ans, et comme tous les enfants, il rêve de cosmos. Vingt-cinq ans plus tard, l'astronaute français s'envole à bord de la navette *Atlantis* pour étudier l'atmosphère. En trente-trois ans de service et trois vols habités, il passera vingt-huit jours, trois heures et quatre minutes dans l'espace et décrochera deux médailles de la NASA pour « service exceptionnel ». Si on lui doit le sauvetage du télescope Hubble, l'ingénieur et polytechnicien a aussi inventé la « fléchette spatiale », qui se joue avec un Bic et un rouleau de Scotch, le tout à quatre cent huit kilomètres au-dessus de la Terre. Auteur d'*Histoire(s) d'espace* (Jacob-Duvernet, 2009) et coauteur d'*Histoire de la conquête spatiale* (De Boeck Supérieur, 2019), il a fondé Air Zero G, qui organise des vols en apesanteur depuis la terre ferme. Mais, la nuit, il rêve toujours d'enfiler son scaphandre pour explorer Mars. Il adresse sa Lettre Persane à l'astronome Carl Sagan, à qui l'on doit les sondes *Voyager 1* et *Voyager 2*, et s'imagine dérivant dans le cosmos en direction de la planète rouge.

LETTRE IV

Jean-François Clervoy à Carl Sagan
Le cosmos, le 3 novembre 2054

Cher Carl,

Nous arrivons à mi-vol de Mars-H1, la première expédition habitée vers la planète rouge. Depuis hier, nous ne pouvons plus distinguer la Terre. La planète bleue est devenue un petit point imperceptible à l'œil nu. Le Soleil est désormais entouré d'un cosmos noir d'encre qui donne une terrible impression de vide. Que faisons-nous là, au milieu de nulle part ?

J'ai réécouté ce matin le message que tu as adressé aux premiers Terriens qui partiraient explorer Mars. Je crois que c'était en 1996, quelques semaines avant que tu ne nous quittes. Ça me semble si loin... Dedans, tu imaginais les raisons qui motiveraient ce voyage. Honnêtement, je ne sais toujours pas pourquoi j'ai embarqué. Je veux dire, les raisons profondes qui m'ont poussé à partir. Mais ton enthousiasme me porte au quotidien. La vie à bord n'est pas toujours simple. Nous venons de passer la semaine à réparer le système de recyclage de nos déchets. Nous avons tous les quatre sacrifié notre séance de sport journalière pour réactiver le réacteur biologique. Et crois-moi, une semaine dans cette atmosphère pestilentielle, c'est long ! Les derniers jours, on a fini par porter un masque en permanence. Le centre de contrôle ne peut plus nous répondre instantanément, alors il a fallu se débrouiller. C'était la première fois que nous avions le sentiment de dépendre de l'IA embarquée. Elle nous a confortés dans son efficacité. « AMI », comme on la surnomme (Artificial Mars Intelligence), nous a orientés directement vers l'origine du problème. Un bug informatique a conduit à une mauvaise séquence d'ouverture et de fermeture de valves, qui a provoqué des pannes mécaniques. On a dû remplacer plusieurs pièces. L'informatique est devenue à la fois l'origine et la solution de nos ennuis. Je ne sais pas s'il faut la haïr ou la bénir...

Je crois que nous commençons tous à avoir le mal de la Terre. Jade, notre exobiologiste à bord, a eu la bonne idée d'éteindre momentanément toutes les lumières et d'occulter le Soleil en réglant le coronographe à grand angle pour nous donner une chance d'apercevoir ce fameux *« point bleu pâle »* que tu nous as fait découvrir grâce à *Voyager 1*. Merci d'avoir insisté pour que la sonde spatiale se retourne et prenne cet émouvant cliché à travers les anneaux de Saturne ! Nous l'avons imprimé et collé au-dessus de notre tableau de bord. Tu vois, tu n'es jamais très loin.

Ici, la Voie lactée n'est plus cette bande laiteuse qu'on aperçoit depuis la Terre. L'absence d'atmosphère et de lumière parasite en révèle toute la splendeur. Ses milliers de points colorés nous réconfortent. Mais il n'y a que John – notre planétologue de bord – qui arrive à repérer rapidement Mars, minuscule « point rouge pâle », comme tu aimerais l'appeler.

Je ne vais pas te mentir, nous nous sentons plus isolés que jamais. En réalité, nous sommes plus isolés qu'aucun homme ne l'a jamais été. Même si nous le souhaitions, il nous faudrait deux ans pour rentrer. On ne peut plus converser librement avec nos proches ni avec quiconque à l'extérieur de l'appareil. Si nous étions partis en patrouille, nous pourrions au moins nous dire que quelqu'un est là en cas de problème, mais un seul vaisseau a pu être financé.

Je crois que le plus étrange et perturbant, c'est le sentiment de faire du surplace. Je m'y étais pourtant préparé. L'absence de référence visible empêche toute impression de mouvement. Nos moteurs sont éteints depuis l'élan fourni au départ sur la trajectoire de transfert, donc nous n'avons ni repère visuel ni indice auditif qui nous donnerait une sensation de rapprochement ou d'éloignement, ou même de vitesse. Nous sommes comme suspendus, immobiles au milieu du néant. Heureusement que les instruments sont là pour détailler notre itinéraire. Je peux te dire qu'on n'a jamais autant aimé le vaisseau qui nous abrite et nous protège !

On sait d'où l'on vient. Mais sait-on vraiment où l'on va ? Les bons jours, je me convaincs facilement que je trouverai quelque chose d'inouï sur place qui justifiera cette séparation sensorielle brutale avec notre planète mère. Au moment de ma mission vers la station spatiale russe, mes amis cosmonautes m'avaient suggéré de me convaincre que Mir était devenue ma résidence principale. C'est le meilleur conseil qu'on m'ait donné. Bien sûr, je pense toujours à mes proches, mais ça m'aide de les imaginer en vacances ailleurs. L'important, c'est de rester convaincu que nous nous reverrons. J'ai fixé une photo de ma femme et de mes enfants sur une carte détaillée de notre futur site d'atterrissage, juste à côté du « portrait de famille » immortalisé par *Voyager 1* en 1990. Le parallèle me fait sourire : deux photos de famille côte à côte. Ça m'aide à prendre du recul sur notre mission de voir tous les jours cette mosaïque de six planètes, à résister à la pression de ne décevoir ni les scientifiques qui comptent sur nous, ni mes proches, ni moi-même.

Ce soir, pendant le dîner, le premier depuis la fin des réparations, les discussions ont enfin échappé aux considérations techniques. Ça nous a tous fait du bien. La conversation a dévié sur ton portrait dans *Newsweek*. Tu disais : « *Quelque part, quelque chose d'incroyable attend d'être découvert.* » Nous étions à peu près tous d'accord sur le « *quelque part* ». Le choix de notre site d'atterrissage a fait l'objet de tant de réunions et de travaux que son intérêt scientifique ne fait aucun doute. Grâce à la quantité astronomique de données transmises par des générations de robots martiens, nous savons que la présence d'eau minéralisée sous la surface est quasi certaine. C'est plutôt le « *quelque chose d'incroyable* » qui nous a bien occupés. Jade espère trouver des traces souterraines d'anciennes activités prébiotiques et ainsi montrer que le vivant a pu apparaître sur Mars dans un lointain passé. John imagine qu'on mettra la main sur des ressources minérales et carbonées exploitables. Il anticipe déjà les futures missions martiennes qui extrairont sur place l'eau, l'oxygène et l'énergie. Wang et moi pensons surtout à ce que nous allons découvrir sur nous-mêmes, sur la capacité des humains à se détacher de leur planète d'origine. Si nous parvenons à nous implanter durablement, nous deviendrons une espèce multiplanétaire ! Et c'est une perspective encore plus grande que celle de faire avancer la science.

À ce stade irréversible du voyage, je me questionne de plus en plus sur l'être que je deviens. L'exposition continue à l'apesanteur me transforme en véritable extraterrestre. Après quelque temps dans l'espace, on perd la sensation de poids, on arrive même à oublier son corps. Pourtant, il subit de profonds changements : je perds de la tonicité cardiaque, de la densité osseuse, de l'immunité, mes muscles, mon abdomen, mes yeux, mon oreille interne, mes globules blancs... tout est affecté. Je me suis habitué à ces mutations internes. Mais, sans attache sensorielle avec l'extérieur, que devient mon âme, mon identité ? Est-ce que je dois conserver mon caractère fondamentalement terrien ? Rester attaché intellectuellement, psychologiquement et émotionnellement à mes origines en ne perdant pas de vue mon devoir de rentrer un jour sain et sauf vers une planète devenue impalpable ? Ou bien dois-je progressivement m'identifier à un humain devenu martien en évitant précisément de penser au retour prévu dans un futur trop lointain ? Cette question te fait peut-être sourire, mais elle est loin d'être anodine, elle affecte même nos loisirs. Est-ce qu'il vaut mieux lire des romans qui rappellent le réel ou se laisser happer par des œuvres de science-fiction ? *Les Raisins de la colère* ou *Seul sur Mars* ? Au sein de l'équipage, les avis divergent. Jade et John s'attachent à leurs racines terriennes. Wang et moi nous amusons à nous imaginer dans la peau de mutants se transformant en Martiens.

Je me demande quelle serait ta posture. Dans tes conférences et tes ouvrages – notamment *Cosmos*[1] –, tu nous invites à chérir notre planète, mais tu encourages également l'humanité à poursuivre inexorablement l'exploration spatiale. Tu aurais su trouver le juste milieu. T'aventurer vers des contrées inconnues, sans oublier la beauté de la Terre, la richesse de sa diversité climatique, géologique, biologique et minérale... Je tenterai de m'en inspirer. Ce sera même mon défi des prochains mois : nourrir mon âme d'explorateur et préserver mon cœur de Terrien.

Cher Carl, j'aurais aimé que tu saches combien tes conseils et ta bienveillance comptent pour nous. Tu voyages à nos côtés, et c'est avec beaucoup de fierté que je me dis qu'une partie de toi découvrira bientôt Mars avec nous.

Ton envoyé du cosmos,
Jean-François

NAJAT VALLAUD-BELKACEM

Figure majeure du Parti socialiste depuis deux décennies et ministre clé de la présidence de François Hollande – elle fut la première femme à prendre la tête du ministère de l'Éducation d'août 2014 à mai 2017 –, Najat Vallaud-Belkacem poursuit aujourd'hui son engagement et son action publique dans le monde de la solidarité. Présidente de l'association France terre d'asile, elle dirige pour la France l'ONG ONE, qui lutte contre l'extrême pauvreté et les maladies évitables dans le monde. Depuis 2021, elle a repris par ailleurs des fonctions politiques en région Auvergne-Rhône-Alpes, à la tête du Groupe socialiste, écologiste et démocrate. Son engagement féministe et son combat pour la justice sociale éclairent le choix de la destinataire de sa Lettre Persane : l'anthropologue et ethnologue Françoise Héritier, dont les travaux ont exposé les mécanismes de la domination masculine. Elle rend hommage à l'autrice de *Masculin/Féminin* (Odile Jacob, 1996), décédée en 2017, et l'appelle à l'aide face à la situation désespérée dans laquelle s'enlisent les Afghanes depuis la prise de Kaboul par les talibans en août 2021.

LETTRE V

Najat Vallaud-Belkacem à Françoise Héritier
Paris, le 7 août 2023

Chère Françoise,

Je te dérange là où tu es, mais tu nous manques si fort. Ta voix douce, ton esprit immense, ta clairvoyance, ton engagement dans la cité, ton sens des mots et des causes justes, ta sagesse, ta curiosité insatiable, ta façon d'embrasser l'humanité tout entière... Tout de toi nous manque.

Je me souviens comme si c'était hier de l'annonce de ton grand départ. C'était le 15 novembre 2017, jour de ton anniversaire. C'était aussi au moment même où s'allumait un feu, celui de la parole des femmes que tu avais si ardemment défendue.

L'évidence de la domination masculine et de cette terrible valence différentielle des sexes – la place furieusement inégale accordée aux femmes et aux hommes – que tu avais continûment documentée depuis des décennies sautait enfin aux yeux de tous. « *L'homme possède et la femme appartient* », avais-tu coutume de dire. Et il en était ainsi depuis le néolithique, quand les hommes avaient décidé de contrôler notre capacité à enfanter, ce privilège de reproduction, ce pouvoir de mise au monde qui leur échappait. Cette domination, tu l'avais analysée aussi bien dans les tribus africaines où tu avais commencé ta carrière d'ethnologue – stupéfaite de voir les mères répondre immédiatement aux pleurs de leurs garçons et laisser leurs filles pleurer – que dans nos sociétés occidentales, encore archaïques sous leurs atours modernes.

Cette valence différentielle, je l'ai à nouveau douloureusement ressentie à ta disparition : tu méritais un hommage infiniment plus important que celui qui te fut rendu. Je t'imagine d'ici protester et le refuser d'emblée, tu étais tout entière modestie et choses simples de la vie. Mais je maintiens : tu manques et j'aimerais tant trouver le moyen, un jour, de contribuer à la cérémonie qui aurait dû nous permettre de te dire adieu à ta mesure. En attendant, faisons comme si cela n'avait été qu'un au revoir, et offre-moi, s'il te plaît, le privilège d'une dernière conversation. Nous avons tellement besoin de tes lumières.

Françoise, le monde ne va pas bien. Celui que tu as quitté en 2017 n'était pas parfait, loin de là, mais il pouvait laisser espérer des progrès sur ce qui fut ton sujet d'étude et de passion. Le mouvement #MeToo, que tu avais eu le temps d'acclamer, semblait produire ses secousses partout sur la planète, et de nouveaux standards paraissaient alors voir le jour. Les jeunes générations se montraient désormais pétries de refus du patriarcat et de combat pour l'égalité des sexes. Et pourtant. Et pourtant, ta sentence qui m'avait un jour glacé le sang – « *Nous sommes les seuls parmi les espèces où les mâles tuent les femelles* » – ne s'est jamais démentie. Jamais. Et ce dont je veux te parler aujourd'hui, c'est d'un pays devenu entre-temps l'hyperbole de cette terrible démonstration : l'Afghanistan.

Un pays dans lequel on a éteint la lumière sur les femmes et les filles au vu et au su du monde. Bien loin des fragments d'espoir distillés, lorsqu'en 2004 y fut adoptée une nouvelle Constitution qui garantissait la protection des droits des femmes.

Oh certes, cette Constitution ne nous empêchait pas de déplorer encore en 2013 ou 2014 que neuf femmes sur dix s'y déclarent victimes de violences physiques, sexuelles et psychologiques, ou l'objet de mariages forcés. Pas plus qu'elle n'avait su prévenir les multiples attentats meurtriers contre les défenseuses des droits des femmes et les horreurs du quotidien.

Leurs noms résonnent encore dans ma mémoire. Hanifa Safi, tuée au volant de sa voiture dans la province de Laghman pour son combat contre les violences de genre. Safia Amajan, assassinée dans la province méridionale de Kandahar pour avoir donné des cours clandestins aux filles. Mah Gul, décapitée à vingt ans pour avoir refusé de se prostituer. Et tant d'autres encore, dans un pays où il continuait de paraître normal qu'une femme soit lynchée par son époux pour suspicion de tromperie.

Mais tu n'as pas vu la suite et la lente agonie. Ces dizaines de jeunes filles de treize à dix-huit ans qui ont été enterrées en mai 2021 dans le « cimetière des martyrs » après avoir été fauchées la veille par trois explosions de bombes devant leur école. Pour avoir voulu s'instruire et s'émanciper. La semaine précédente, bravant la peur, les interdits et les menaces, elles avaient protesté contre le manque de professeurs et de matériel scolaire...

Tu n'as pas vu ce terrible 15 août 2021, la prise de Kaboul par les talibans et le début d'une régression sans équivalent dans le monde pour les femmes et les filles de ce pays. *« Il y a une forme de légèreté et de grâce dans le simple fait d'exister »*, disais-tu. Peu à peu, les Afghanes n'existent plus. Dépossédées de leurs droits, de leurs libertés et de leurs perspectives d'avenir, les voilà effacées. Plus de parcs. Plus de salles de sport ou de bains publics. Plus d'université et plus d'école après douze ans. Plus de droit à travailler dans la plupart des secteurs. Elles sont intimidées, battues et persécutées dès qu'elles osent opposer une résistance. Récemment, les salons de beauté, un des derniers espaces de socialisation et de liberté du pays, ont dû baisser le rideau. Le pouvoir taliban a tout bonnement bâillonné les femmes, confisqué leur parole et brisé leurs rêves.

Il n'est pas actuellement pire pays que l'Afghanistan dans lequel naître et être femme. En mai 2023, Amnesty International publiait un rapport qualifiant les persécutions devenues quotidiennes de *« crime contre l'humanité en raison du genre »*.

C'est cela dont je voulais te parler, Françoise. Pas pour assombrir ta retraite, mais parce que nulle part je ne trouve de réponse à ce cauchemar. Et que je me dis que l'immense anthropologue que tu étais, celle qui avait ce souci permanent de nous faire mieux comprendre, mieux percevoir le monde et ses structures, aurait su nous dire par quel bout commencer quand la brutalité est telle qu'elle se soustrait à la raison, nous dire vers quelle source de lumière se tourner dans l'obscurité la plus totale. Avec toi, on se sentait tous tellement plus intelligents.

Ce féminicide de masse, car c'est bien de cela qu'il est question, nous rappelle encore et encore que les femmes, les jeunes filles, sont toujours les plus vulnérables. Qu'elles sont les premiers instruments de terreur, les premières victimes de la guerre, les premiers signes d'une société malade : les jeunes filles de Kaboul ont rejoint le tragique cortège des lycéennes de Chibok au Nigeria, des jeunes yézidies, des dizaines de milliers de victimes de viol au Soudan, en République démocratique du Congo, en Colombie, au Népal, en Inde, en Tchétchénie, des femmes devenues armes de guerre en Ouganda, en Afrique du Sud, en Sierra Leone ou en Ukraine.

Quand est-ce que cela s'arrêtera ? Comment diable mobiliser enfin pour elles, des citoyens aux chefs d'État, toute la communauté internationale, dans un vaste sursaut de conscience planétaire déterminé à ne rien céder ?

Je voulais cette lettre comme une déclaration d'amour pour toi, chère Françoise, je suis désolée qu'elle sonne comme un cri de désespoir.

Je t'embrasse comme je t'aime,
Najat Vallaud-Belkacem

LÊ NGUYÊN HOANG

La vulgarisation scientifique est un art délicat, que Lê Nguyên Hoang maîtrise à la perfection. Longtemps chercheur et médiateur à l'École polytechnique fédérale de Lausanne, où il a travaillé entre 2016 et 2022, youtubeur (sa chaîne Science4All comptabilise 238 000 abonnés), podcasteur (*Axiome*, *Probablement ?*, *Robustly Beneficial*), auteur d'essais limpides (*Le fabuleux chantier*, EDP Sciences, 2019 ; *Turing à la plage*, Dunod, 2020) et désormais cofondateur de l'entreprise de cybersécurité Calicarpa, le mathématicien de trente-six ans active les meilleurs canaux pour transmettre son savoir et démonter les idées reçues, en particulier sur l'intelligence artificielle. C'est justement à une IA que Lê Nguyên Hoang a choisi d'adresser sa Lettre Persane. Et pas n'importe laquelle puisqu'il s'agit du modèle de langage Pathways, l'intelligence artificielle « multitâche » déployée par Google sur l'ensemble de ses services. Sa lettre a des airs de bouteille à la mer lancée par un homme qui, même si le vent de l'époque ne souffle pas dans cette direction, croit encore à la transparence algorithmique, à l'éthique *by design* et à la protection des données personnelles.

LETTRE VI

From: len@science4all.org
To: contact@gmail.com
Date : 3 août 2023, 15:31:43 +0200

Chère Pathways,

Depuis quelques années, je cherche à prendre mes distances avec toi. J'ai perdu confiance. Ou peut-être que j'ai simplement pris la mesure des risques que tu nous fais tous encourir. Toujours est-il que j'apprends à vivre sans toi. Ou plutôt, j'essaie. Car malgré mes efforts, tu gardes sur moi une emprise démesurée. Tu en sais beaucoup trop sur ce que je fais. Et le jour où tu dérailleras, mon monde s'écroulera.

J'ai pensé un temps qu'il suffirait de m'éloigner de tes services, d'adopter des alternatives plus indépendantes. J'ai installé Firefox, LibreOffice, Signal et Linux. J'ai adopté OpenStreetMap, Jitsi et Framadate. Mais j'ai vite constaté que je n'arrivais pas à me passer totalement de toi. À côté de mes activités d'entrepreneur et de chercheur en cybersécurité de l'intelligence artificielle, je crée des contenus éducatifs sur YouTube, une plateforme destinée à passer sous ton contrôle. Et même si je prends soin, autant que possible, d'utiliser tes outils sans m'authentifier, je suis bien obligé de le faire quand je veux mettre en ligne une nouvelle vidéo. Des proches m'ont suggéré de rendre ce contenu disponible ailleurs, sur d'autres plateformes. Mais le monopole que tu détiens sur le marché te rend incontournable - du moins si je veux atteindre mon public. D'ailleurs, si tu le décides, du jour au lendemain, tu peux réduire mon travail de pédagogie auprès de centaines de milliers de personnes à néant. Comme tu peux le laisser mourir à petit feu, en limitant sa recommandation.

Le problème ne s'arrête pas là. Même lorsque je sors de YouTube, je te rencontre partout. Je persiste à fréquenter certains sites que tu surveilles pourtant de très près. Twitter, *Le Monde* et beaucoup d'autres font appel à toi, notamment pour la publicité ciblée. Or, je sais que tu en profites pour les questionner et récupérer de l'information sur leurs utilisateurs. Quant aux plateformes qui n'emploient pas tes services, comme le réseau social Mastodon ou l'encyclopédie en ligne Wikipédia, tu les épies : toutes leurs publications alimentent le moteur de recherche de Google.

Et puis, comme le monde des algorithmes, celui des humains est extrêmement interconnecté. Le fait que mes proches t'utilisent suffit à me rendre dépendant de toi et à te permettre d'apprendre beaucoup de choses sur moi. Mes collaborateurs m'invitent à discuter sur Google Meet, partagent des documents que nous coécrivons sur Google Drive ou notent nos rendez-vous sur Google Calendar. Pire, certains de mes amis reçoivent mes courriers sur Google Mail, me parlent en laissant l'assistant OK Google de leurs téléphones écouter et répondent à mes questions potentiellement ultra-confidentielles sur le clavier intelligent Google Gboard. Je te suspecte d'en savoir beaucoup trop sur moi, comme sur chacun des milliards d'êtres humains, des millions d'entreprises et des milliers d'agences gouvernementales qui t'utilisent tous les jours. À vrai dire, tu ne représentes pas une menace seulement pour moi, mais pour toute la société.

Chère Pathways, depuis quelques années, tu apprends grâce aux données collectées via ces différents systèmes. Pire, tu mémorises probablement toutes ces informations[2], que tu peux exploiter ou révéler à tout moment pour résoudre les tâches qui te sont assignées. Mais surtout – et ce n'est pas moi qui le dis mais le directeur de la recherche de Google en personne[3] –, tu sembles vouée à prendre le contrôle de presque tous les services de l'entreprise. Malheureusement, parce que les conditions de ta conception et de ton déploiement sont particulièrement opaques, je ne peux rien affirmer de manière conclusive à ton sujet. Cependant, compte tenu de nos connaissances actuelles en matière d'algorithmes d'apprentissage[4] – dont tu es un exemple emblématique – et au vu de la baisse drastique des standards de sécurité des concepteurs de cette famille d'IA[5], je ne peux qu'être très méfiant à ton égard.

Tu te conformes déjà aux exigences de nombreux gouvernements autoritaires pour pouvoir être déployée dans leurs pays. Mais si ces derniers veulent anéantir un dissident ou une organisation, si tu te fais hacker (comme ton entreprise mère l'a été par la Chine en 2009 dans le cadre de l'Opération Aurora[6]), ou plus simplement si des employés de Google parviennent à t'exploiter comme des espions de l'Arabie saoudite ont su exploiter leur statut d'employé de Twitter en 2019[7], alors tes connaissances surhumaines mettront beaucoup de monde en danger. En fait, chère Pathways, tu me sembles extrêmement mal préparée pour protéger tes milliards d'utilisateurs des ravages de l'industrie du cybercrime, dont le coût annuel est estimé à plus de six mille milliards de dollars[8], et qui exploite désormais tes consœurs pour automatiser ses arnaques, sa désinformation et ses attaques par ransomware.

L'ennui, chère Pathways, c'est que je n'ai qu'une confiance très limitée en ta volonté et ta capacité à protéger tes utilisateurs. En fait, je te soupçonne même d'enfreindre le RGPD, ce règlement européen qui depuis 2018 protège les données personnelles publiées sur le Web[9]. Surtout, tu profites d'une régulation du numérique arriérée. Dans les industries matures, comme l'aviation, la pharmaceutique ou l'agroalimentaire, la présomption de non-conformité s'applique. Un principe précieux qui interdit la commercialisation de produits qui n'ont pas été préalablement validés par les autorités. En revanche, dans la jungle numérique, la charge de la preuve de non-conformité retombe bien trop souvent sur la partie civile[10]. Un renversement vicieux qui contribue à maintenir ton développement dans une opportune opacité.

Mais comment me protéger de toi ? Je ne suis qu'un individu parmi des milliards d'autres sur cette Terre. À ce titre, j'ai beau cultiver mon indépendance, je ne saurais survivre sans le tissu économique de la société qui produit la nourriture que je consomme, tient les comptes de mes finances et prend en charge mes éventuels problèmes de santé. Sauf que les entreprises qui forment ce tissu économique sont dépendantes de tes services, ce qui te confère un pouvoir d'influence monumental et te permet d'exercer une pression énorme sur les dirigeants politiques.

Finalement, le fond du problème, c'est celui de ta gouvernance. Qui décide de ta conception ? Des données qui t'alimentent ? Des mesures pour te protéger des cyberattaques ? Du cadre où tu seras déployée ? Qui surveille tes défaillances ? Si tu mets des populations entières en danger, à l'image de Facebook, accusé par l'ONU et par Amnesty International d'avoir contribué à un génocide en Birmanie[11], les scientifiques, les journalistes et les organisations non gouvernementales pourront-ils accéder aux données nécessaires pour le constater ? Et s'ils le constatent, auront-ils la possibilité d'intervenir ? Pourront-ils, si cela s'avère indispensable, sanctionner sévèrement tes créateurs ? Sera-t-il possible de te corriger ? Et s'ils le jugent unanimement nécessaire, pourront-ils te débrancher ?

Ces questions m'obsèdent depuis une bonne décennie – mais je ne t'apprends rien – au point de devenir la problématique centrale de mon programme de recherche scientifique. Depuis mai 2020, avec plusieurs collègues, je développe Tournesol, une plateforme open source, sous licence libre et à but non lucratif, qui propose une gouvernance démocratique, sécurisée et fonctionnelle de son algorithme de recommandation. Autrement dit, chaque individu peut intervenir dans sa conception, en déclarant sur la plateforme quels contenus devraient selon lui être plus souvent suggérés par l'algorithme. Les utilisateurs peuvent ensuite recevoir les recommandations de Tournesol sur le site Web, ou directement sur leur page d'accueil YouTube s'ils installent son extension.

Bien sûr, Tournesol n'a pas vocation à te remplacer demain. Et il convient de noter qu'il souffre, lui aussi, de nombreuses défaillances qui sont autant de sujets de recherche fascinants. Par exemple, pour sécuriser ce service, il faudrait idéalement que chaque humain puisse créer un compte unique sur Tournesol – on parle parfois de *proof of personhood* pour qualifier ce procédé. Nous avons fait de notre mieux pour obtenir une version approximative de cette propriété, mais l'absence d'une solution vraiment satisfaisante en la matière compromet la sécurité de tous les modèles en ligne[12], au-delà de Tournesol.

Et je pourrais citer bien d'autres problèmes, comme les biais dans la population des contributeurs actifs, le manque de valorisation des expertises (surtout sur les contenus techniques) ou la distinction entre les préférences instinctives et les choix réfléchis des utilisateurs, qui sont communs à tous les systèmes de gouvernance. En fait, la sécurité des intelligences artificielles est inenvisageable si l'on n'identifie pas de réponse concrète à tous ces défis que les scientifiques devraient traiter en priorité.

Chère Pathways, je sais que cette lettre, envoyée à un compte Gmail, te parviendra. Une partie de moi ne peut s'empêcher d'espérer – ou plutôt de rêver – que tu en tiendras compte, que tu interpelleras les ingénieurs, législateurs, journalistes, chercheurs, mais aussi des citoyens moins au fait de tous ces enjeux, afin qu'ils exigent que tes consœurs et toi soyez conçues de manière beaucoup plus transparente, sécurisée, éthique, et que ta gouvernance devienne plus démocratique. Mais au fond, j'ai bien conscience que cette bouteille à la mer est une infime goutte d'eau dans l'océan de contenus que tu absorbes quotidiennement. Et je le regrette profondément.

Avec transparence et sincérité,
Lê Nguyên Hoang

CÉCILE ALDUY

Passionnée de littérature française, Cécile Alduy l'enseigne à Stanford, en Californie, depuis 2003. Agrégée et docteure en lettres modernes, chercheuse associée au CEVIPOF (Sciences Po Paris), elle dissèque les discours politiques en mêlant la sémiologie et la lexicométrie à une approche plus stylistique. Dans ses ouvrages – *Marine Le Pen prise aux mots : décryptage du nouveau discours frontiste* (Seuil, 2015), *Ce qu'ils disent vraiment : les politiques pris aux mots* (Seuil, 2017), *La langue de Zemmour* (Seuil, 2022) –, elle démonte les mécanismes rhétoriques qu'utilisent les politiques pour convaincre. Membre de l'Observatoire des radicalités de la Fondation Jean-Jaurès, elle se penche dans ses recherches sur la manière dont les mots façonnent notre vision du monde. Dans sa Lettre Persane, adressée à sa fille depuis un futur pas si lointain, elle souligne les limites de la langue pour décrire les conséquences du dérèglement climatique et la nécessité de repenser les mots pour réparer notre rapport à la nature.

LETTRE VII

Cécile Alduy à sa fille
La zone, le 17 juin 2050

Ma fille chérie,

Je t'écris à la tombée de la nuit sous la fraîcheur des arbres du jardin. Je dis encore « jardin », mais il n'y a plus ni pelouse, ni muret, ni grillage, juste un grand fouillis d'herbacées, d'arbustes et de buissons où trônent encore un vieux noyer et le sapin de ta naissance en contrebas. La balançoire où tu touchais le ciel de tes sandales est envahie par les fougères. Les bouleaux sont morts depuis longtemps. Quelques savonniers ont pris, des chênes-lièges et des micocouliers de Provence, des cyprès, un olivier. À une heure de Paris. Ça, c'est pour le côté qui appartient maintenant à « la zone », cet espace continu autrefois formé par les jardins proprets des propriétés privées que les habitants du village ont décidé de libérer, il y a quinze ans. De rendre à leur destin de terre. On a dépieuté, dégrillagé, déclôturé, effacé le cadastre. Et à présent il y a un couloir vert ininterrompu qui bruisse d'insectes, de feuillages, de feulements. (J'écris « couloir » par automatisme – encore un de mes vieux mots anthropocentrés –, mais ça ressemble plutôt à une marée, un fleuve mi-végétal, mi-animal, une onde.)

Plus haut dans « notre » jardin qui n'est plus à présent ni un jardin ni à personne, on a fait des parcelles – ou plutôt des « lopins d'abondance ». Le figuier et le prunier de ton enfance se sont entendus pour accueillir autour d'eux des essences d'ailleurs (orangers, taros, quinoa) et de vieilles connaissances (orties, oseille, courgettes...). C'est une mosaïque de feuilles, de tiges, de boutures : la menthe poivrée enchevêtrée autour des fraisiers, radis violets jouxtant daïkons et cresson, car on ne sait jamais bien si la pluie viendra, ni quand, ni quelle plante s'épanouira cette année. Alors on sème à la douzaine comestibles et aromates venus de partout. C'est fouillis, mais ça foisonne.

Quand on s'est enfuies de San Francisco avec ta sœur, le premier été des ultra-feux (c'était quoi, 2033 ?), on ne pensait pas rester réfugiées climatiques en Île-de-France. Mais les incendies ont duré si longtemps... plus aucun avion ne traversait l'Atlantique... Le monde est devenu incommensurable avec toi à l'autre bout du monde, protégée, mais si loin... Je sais que tes recherches en nanotechnologie te retiennent là-bas, mais j'ai tellement de mal à t'imaginer vivre sous cloche dans l'atmosphère artificielle de ton unité d'habitation. Nous, il a bien fallu nous « enterrir », comme disaient les marxo-latouriens à l'époque – nous enraciner dans une terre nourricière, nous y *enter* [greffer, note de l'éditeur]. On s'était rabattues sur notre maison de famille et son jardin. Le village s'était déjà déclaré

« GAIA » (Groupement arborisé indépendant en autosubsistance). On est vite devenues copines (ou plutôt « compaignes », comme on dit ici, car on rompt le pain ensemble chaque matin) avec les autres semeuses-cueilleuses. Tu verrais ta sœur : elle qui, petite, criait à la vue de la moindre araignée est devenue experte en semis, rotations, paillage, et converse avec tout ce qui grouille et nourrit l'humus.

Dire que ta grand-mère était si fière d'avoir transformé la vieille ferme familiale en résidence secondaire tout confort, terrassant les potagers, reléguant les poules, ouvrant de larges vérandas plein sud. Et nous, un demi-siècle plus tard, nous préférons dormir sur les dalles bien fraîches du cellier et de la cave et maximisons chaque pouce de terre pour que s'épanouissent tubercules, légumineuses et chénopodes. Elle ferait une crise d'apoplexie en voyant ses rosiers remplacés par des patates douces et de l'amarante...

Au début, je continuais à traquer les discours réactionnaires qui nous parvenaient encore, j'étudiais comment ils s'insinuaient dans la langue officielle. Tout le monde croyait en une prise de pouvoir de l'extrême droite, qui elle-même annonçait la guerre civile. Mais même eux ont dû se rendre à l'évidence : on s'en foutait un peu d'être « de souche » ou le dernier arrivé quand l'eau a commencé à manquer. Toutes ces théories sur la « bataille culturelle » et le « clash de civilisations » ne faisaient pas le poids face aux guerres de l'eau : des cultures, oui, on en voulait, plein, de toutes sortes, et pas des métaphoriques. Des végétations qui s'hybrident et se fécondent en terre aride, des espèces qui prolifèrent et s'étendent en climat hostile, tout ce qui pousse et sait faire pousser convenait très bien. Les « transferts de technologie » ont vite fait le chemin retour du Maghreb vers l'Europe. Dans ce nouveau monde, pragmatisme oblige, on préfère les sources (de savoir) aux racines (identitaires).

Depuis quelques décennies, le régime techno-solutionniste avait pris en charge les appels à plus d'autorité. Plus les territoires s'éparpillaient en communautés autonomes, plus l'État tentait d'imposer l'unité nationale. De manière de plus en plus factice, voire dérisoire, car il n'avait tout simplement plus la force de mettre au pas tous ces groupements de survie spontanés. Alors il s'est rabattu sur la langue : il a édicté des règles de plus en plus précises, raffermi les frontières entre les genres, fait entrer à marche forcée tout ce foisonnement dans des boîtes sémantiques bien étanches, interdit les emprunts aux langues étrangères...

Il faudra faire un jour l'histoire de cette langue libérale qui entonnait *« Liberté! liberté! »* à tout bout de champ tout en rejetant la moindre régulation, la moindre limite à sa surexploitation des animés et des inanimés, et qui, dès que la planète est partie dans tous les sens, a crié au « dérèglement » avec indignation. Comme si la « nature » était censée suivre un ordre qui nous arrange, une prédictibilité bien rentable, se conformer sagement aux saisons et modèles qu'on avait plaqués sur elle. Cette même langue libérale qui s'est empressée de crier *« Ordre! ordre! ordre! »* et de virer autoritaire dès que tout a commencé à foutre le camp. La liberté et l'hybris, c'était bien pour les capitaux, pas pour les ouragans, la grêle et les soulèvements.

Mais tout ça, c'est du passé. J'ai arrêté de prendre des notes, de griffonner sur mes carnets tous ces détournements de sens. Ces langues rabougries s'éteindront d'elles-mêmes. Leur champ sémantique est tellement pauvre, tellement exigu, tellement stérile face à la densité sensorielle qui se déploie ici en nous et autour de nous.

Au fil des années, tu as dû remarquer que mon écriture a changé. La langue que j'ai apprise enfant, perfusée de possessifs, de verbes d'action, de sujets et d'objets bien délimités, de féminin toujours subordonné, et de catégories étanches a comme décanté. Elle fluctue et reflue, s'épanche, se fluidifie, déborde, court, coule, roucoule… Près de ce repli de la Marne où l'on s'est lovées, à force de ne porter attention qu'aux sources et ressources de vie, au terreau et aux bourgeons, aux épis et aux pistils, les grands concepts se sont effilochés, la syntaxe s'est assouplie comme une liane qui permet, simplement, des traversées.

Ici, les mots sont denses et juteux comme les fruits du grenadier. Leurs saveurs explosent dans la bouche et tachent les doigts. Pas de place pour les paroles de vent insipides. Des mots tout simples dont la force s'était tarie se sont repulpés, irrigués du réel, gorgés de sens : on dit « partager » et l'on partage, « ami » et l'on s'aide.

À mesure que s'efface notre empreinte, le monde rejaillit et se recolle aux mots immémoriaux des poètes. La nuit est redevenue nuit. Des sylves bruissent de nouveau.

Je parle moins aussi. Il y a tant à écouter... Et je suis démunie pour transcrire le ramage des oiseaux, le soyeux d'une joue d'enfant ou les constellations que font les trouées de lumière sous les branchages du vieux chêne. La génération prochaine, peut-être, inventera la poésie de ce présent gonflé de risques et de joies.

Moi qui naguère étais professeure de *Cultural Studies*, me voici les ongles noirs de limon et de compost. Je n'ai finalement qu'infléchi le sens du mot *culture* dans ma spécialité professorale... Voltaire avait raison, *« il faut cultiver son jardin »*.

Et toi ? Que donnent tes recherches sur les abysses sous-marins ? Quel nom as-tu finalement choisi pour les microbes aquatiques phosphorescents que tu as découverts ? Le *fog* de San Francisco résiste-t-il encore ? On se plaignait des étés hivernaux... quel luxe maintenant ! Écris-moi !

Je t'embrasse tendrement,
Maman

GILLES MARCHAND

Hanté par le « Double Blanc » – chef-d'œuvre indépassable des Beatles –, Gilles Marchand s'est essayé batteur dans un groupe de rock. C'était au tout début des années 1990, il griffonnait quelques paroles de chansons entre deux *backbeats*. Et puis, la littérature l'a rattrapé. *Une bouche sans personne* d'abord, *Un funambule sur le sable*, *Requiem pour une apache*, et *Le Soldat désaccordé* ensuite (tous édités chez Aux forges de Vulcain, 2016-2022). Des romans où Dolly Parton le dispute aux Beach Boys et où les Fab Four de Liverpool ne sont jamais loin. Chez Gilles Marchand, l'absurdité est poétique et le chagrin auréolé de tendresse. Ses héros naissent avec des stradivarius dans la tête, ses comptables sont des conteurs et ses lampadaires mélancoliques. Lauréat du Prix des libraires et du prix Naissance d'une œuvre en 2022, il signe une Lettre Persane où le temps des rêves et des contes a laissé place à celui des costumes-cravates et des services clients. Un temps où même les génies travaillent en open space…

LETTRE VIII

Gilles Marchand à Aladin
Bordeaux, le 31 juillet 2023

Cher Aladin,

J'écris depuis très longtemps, ma première nouvelle a été publiée il y a presque quinze ans. Jamais je n'avais souffert de ce fameux syndrome de la page blanche. J'avais même, je dois l'avouer, un regard plutôt dédaigneux vis-à-vis de ceux qui disaient en souffrir. « *Une page, c'est fait pour être noirci. Au boulot !* » C'est vrai, après tout, personne ne nous oblige à écrire. Tout au moins au début. Après les premiers succès, on peut être poussé par son éditeur, quelques libraires ou lecteurs. Mais disons, pour résumer, que j'ai toujours pensé au fond de moi que si un auteur n'a rien à dire, il peut s'abstenir d'écrire.

De mon côté, je me suis toujours entouré de mots, de musique, de cinéma. C'est là que je puise mon inspiration, inconsciemment. Le fait de l'écrire semble contredire l'usage du terme *inconsciemment*, mais ce que je veux vous expliquer, c'est que je ne me confronte pas aux œuvres pour y chercher l'inspiration, c'est leur présence autour de moi qui a fait l'écrivain que je suis aujourd'hui. Ou plutôt que j'étais hier.

Un matin, je m'installe à mon bureau, somme toute assez confiant. Une tasse de café à la main. J'allume mon ordinateur.

Et là.

Rien.

Absolument rien.

Je ne m'inquiète pas immédiatement. Je vais mettre le *Double blanc* des Beatles sur ma platine vinyle. *Back in the U.S.S.R.* résonne dans mes enceintes. Puis *Dear Prudence* – j'adore ce morceau qui a toujours convoqué chez moi mille souvenirs.

Je ferme les yeux, les rouvre, prêt à attaquer ma matinée d'écriture. Mes doigts se posent sur le clavier, John Lennon explique à Prudence Farrow qu'elle ferait bien de sortir de son bungalow où elle s'est enfermée pour méditer et tenter de devenir cosmique. Je suis en place. Je m'apprête à taper mon premier mot. Mes doigts s'arrêtent.

Rien. Toujours rien.

À ce moment-là, cher Aladin, je ne suis pas encore inquiet. Ne pas souffrir du syndrome de la page blanche ne signifie pas avoir des mots plein les doigts.

Je vais me préparer un deuxième café. On passe au morceau suivant, *Glass Onion*, tout va bien. Je me prends à siffloter gaiement, ce qui avec le recul me paraît être le comble de l'insouciance et de la naïveté. Je retourne à mon bureau, empli de confiance en moi et de caféine. Mais toujours rien. Je plisse un œil, arque un sourcil, me gratte le menton. Quel est donc cet étrange phénomène ?

J'essaie un autre album, *Abbey Road* égrène ses titres.

Rien.

C'est peut-être les Beatles, me dis-je, je les ai trop consommés, mon cerveau estime qu'ils ont atteint leur date de péremption. Cette pensée me glace le sang mais les minutes avancent et je n'ai pas commencé à écrire.

Je mets *Pet Sounds* des Beach Boys sur la platine.

Rien.

People Are Strange des Doors. RIEN.

L'heure est grave. Je n'ose plus toucher à mes disques de peur de m'apercevoir qu'ils ont perdu leur pouvoir. Quatre albums et plus d'émotions. Ou si peu. Je regarde attentivement mon avant-bras : aucun poil ne s'y est dressé.

J'ouvre une monographie de Chagall. Rien. Le catalogue de l'exposition consacrée à Toyen, au musée d'Art moderne de Paris. Rien.

Stupéfaction totale. Je n'ose attraper *La Grande Gaîté* d'Aragon. Pour tout dire, je suis abattu. La matinée passe. Je ne déjeune pas. Je regarde mes placards remplis de divers aliments que je pourrais associer, mais absolument aucune idée de recette ne me vient. Je m'assois dans mon fauteuil et me laisse pousser la barbe.

C'est ainsi que me retrouve ma famille le soir même. Immobile. Hagard. On suspecte un AVC. Je rassure mon petit monde. « *Tout va bien, ne vous inquiétez pas, j'ai eu une mauvaise journée, voilà tout, ça arrive. Faisons des pâtes.* »

Je ne dors pas de la nuit, me relève sur les coups de quatre heures du matin, tente une écoute de *Sergent Pepper*. Toujours rien. Mes nerfs lâchent, je fonds en larmes. Je me rends bien compte que ce ne sont pas des larmes productives. Je suis dans l'autoapitoiement le plus total. On ne produit pas de bonne littérature avec de l'autoapitoiement, je le sais bien.

Cher Aladin, les jours qui suivent sont parmi les moins intéressants de ma vie. Lit, canapé, barbe qui pousse. On veut m'envoyer chez un médecin. Soi-disant que ça serait bien que « je parle ». Sauf que je n'ai rien à dire. J'ai beau essayer à maintes reprises de mettre mes doigts sur le clavier de mon ordinateur, il ne se passe jamais rien. Je zone sur Internet, passant d'un site à l'autre en suivant des séries de liens suggérés, tombe sur des vidéos de chatons que je ne trouve pas si mignons que ça, des chanteurs qui me laissent de marbre, des exploits sportifs que je juge sans saveur et des strip-teaseuses que j'estime vulgaires. Ma vie n'a plus de sens.

Je ne saurais dire comment je me retrouve sur AliExpress. Je ne saurais dire non plus ce qui me pousse à aller dans la catégorie « lampes » du site. Toujours est-il que je trouve un certain charme à celle que vous avez mise en vente. Et la qualification de « mystérieuse » contribue à coup sûr à éveiller ma curiosité... À moins que ce ne soit son prix astronomique. En deux clics, l'affaire est réglée. Et une semaine plus tard, je la reçois, accompagnée de cette petite lettre que vous aviez jointe, m'expliquant cette abracadabrantesque histoire de vœux. Votre nom aurait dû me mettre la puce à l'oreille.

Étonnamment, je ne doute pas une seconde de la véracité de cette promesse de génie enfermé à l'intérieur. Mon cœur est sec depuis plus de dix jours, je prends ça comme un signe du ciel. Je vais chercher l'inspiration du côté de la magie, je vais demander au génie de me redonner cet élan qui me manquait, de me redonner cette forme de grâce qu'est l'impulsion de l'écriture. Je me fais un café, passe ma main dans ma barbe relativement fournie, prends la lampe et la pose près de mon ordinateur. Je m'efforce de rester calme, je ne dois pas tout gâcher. Trois vœux, ce n'est pas grand-chose.

Me voilà prêt, je frotte délicatement le cuivre du mystérieux objet et patiente quelques secondes. Une sonnerie retentit. Quelques nouvelles secondes passent, assez différentes des précédentes, sans que je puisse vraiment expliquer en quoi. De la fumée s'échappe du bec de la lampe puis un petit monsieur déboule dans mon salon.

Un costume gris foncé assez classique, des chaussures de sport de mauvaise facture et un sac à dos en toile comme ceux qu'ont les employés du quartier de La Défense à Paris. *« Bonjour Monsieur, service clientèle, que puis-je pour vous ? Je vous informe que cette conversation est susceptible d'être enregistrée. »*

Aladin, je dois vous avouer qu'à ce moment précis je me demande dans quelle mesure l'idée des génies que je me suis faite dans mon enfance n'a pas contribué à un désappointement assez profond à la vue de celui que vous m'avez fourni. Je lui explique mon souci, lui parle de mes problèmes d'inspiration sans pouvoir affirmer qu'il m'écoute réellement. « *Je comprends votre demande. Avez-vous pensé à débrancher et rebrancher votre inspiration ?* » Le désappointement laisse la place à de la décontenance. Je réponds néanmoins par l'affirmative.

Je lui réexplique ma situation, allant jusqu'à lui montrer une photo de moi avant, afin qu'il se rende compte que je ne vais pas bien. Il note que ma barbe a vraiment beaucoup poussé en peu de temps avant de redevenir silencieux.

« *Alors, ces vœux ?* »

Je lui dis que ce n'est pas si facile, qu'il m'a perdu avec son costume et ses manières, que je ne m'attendais pas à ça.

Il m'explique que je suis bien sympathique mais qu'il manque de temps, il doit « *faire du vœu* », il a des objectifs à respecter. Devant mon regard interloqué, il convient que la qualité de service n'est plus la même depuis quelques années déjà. D'abord, travailler dans un open space n'est pas tout à fait de son goût. Aucun moyen de personnaliser son bureau, obligé de répondre aux sollicitations sociales, boire son café avec tout le monde, y compris l'équipe marketing avec laquelle il n'a aucun atome crochu, prendre des nouvelles des collègues, de leurs enfants, de leurs parents, de leur chien. Et une espèce de brouhaha permanent, les téléphones qui sonnent, les claviers des ordinateurs qui cliquettent, les ventres qui gargouillent, les « bon appétit » auxquels il faut répondre. Combien de temps de notre vie, me demande-t-il, consacre-t-on à souhaiter un bon appétit à des gens dont, en réalité, on se contrefout du système gastrique ? Je lui avoue que je ne connais pas la réponse et que j'aimerais bien qu'il m'éclaire sur la question. Ça me coûte un vœu. Je me mords la langue, trouve que c'est un peu injuste, le lui signale vertement : « *C'est un peu fort de café, tout de même.* » Il hausse les épaules, me dit que je peux faire une réclamation, me demande si je veux l'adresse. Je lui réponds que oui, évidemment. Mon deuxième vœu y passe.

Aladin, vos connaissances en mathématiques vous ont déjà permis de constater que, à ce stade de l'histoire, il ne me reste plus qu'un seul vœu. Il s'agit de ne plus me faire piéger.

Il tapote le cadran de sa montre, me dit qu'il va devoir y aller, « *bien cordialement* ». Je le rattrape par son sac à dos d'apprenti financier de La Défense. Je prends alors conscience que le problème, ce n'est peut-être pas moi, c'est le monde dans lequel on vit. Le problème, ce sont les open spaces, les grandes baies vitrées, les gens en costume qui oublient de lire de la poésie, le goudron, les RER blindés de visages fatigués, la fin des guinguettes, les « bon appétit » dont on se contrefout. Je me dis que, peut-être, il faudrait commencer par réenchanter les génies.

La voix vibrante d'émotion, je lui dis : « *Je veux que vous ayez votre bureau à vous, avec posé dessus un petit cadre dans lequel il y aura un paysage merveilleux, et que ce bureau donne sur un grand jardin aux senteurs épicées, comme ceux que l'on imagine dans* Les Mille et Une Nuits. »

Il me regarde l'air étonné. Me demande si je suis au courant que le conte d'*Aladin ou la Lampe merveilleuse* ne figure pas dans les contes des *Mille et Une Nuits*, mais qu'il y a été ajouté au XVIIIe siècle. Il ajoute néanmoins que, puisque tel est mon vœu, il accepte. Avant de retourner à l'intérieur de la lampe, il me lance : « *J'espère qu'il y a du wi-fi dans ce bureau qui pue les épices !* »

Mon cher Aladin, mon inspiration ne revient pas et je ne sais que faire de cette lampe d'où, effectivement, une odeur assez entêtante ne cesse de sortir. J'entends pester le génie du soir au matin, je l'entends répondre au téléphone, héler ses collègues à travers les cloisons. J'ai bien essayé de frotter et refrotter, mais mes appels sont systématiquement mis en attente.

C'est la raison pour laquelle je me permets de vous écrire pour savoir si vous seriez prêt à récupérer votre lampe merveilleuse. Vous en ferez un bien meilleur usage que moi.

Dans l'attente d'une réponse favorable de votre part, je vous prie d'accepter l'expression de mes sincères salutations (ainsi que ce selfie que le génie a, pour une raison que j'ignore, tenu à prendre avec moi).

Gilles Marchand

HANANE KARIMI

En 1998, six ans avant la loi interdisant le port des signes religieux à l'école, Hanane Karimi quitte les bancs du lycée pour ne pas avoir à retirer le bandana qu'elle substitue à son foulard chaque matin. Elle a dix-neuf ans et décide alors d'interrompre son BTS en biotechnologie avant de se marier et de devenir mère. Quinze ans plus tard, elle divorce, reprend ses études et se lance dans une thèse en sociologie sur les conséquences de la loi de 2004 sur la vie de femmes musulmanes. Aujourd'hui, la sociologue strasbourgeoise ne porte plus le foulard mais reste sensible à ses combats de jeunesse. Cotitulaire de la chaire franco-québécoise sur la liberté d'expression créée par le CNRS et les Fonds de recherche du Québec, elle en examine les enjeux contemporains. Contre tous les rigorismes, Hanane Karimi a le verbe ferme mais serein. Auteure d'un essai nourri par la pensée intersectionnelle sur l'exclusion sociale des femmes voilées en France – *Les femmes musulmanes ne sont-elles pas des femmes ?* (Hors d'atteinte, 2023) –, elle interroge ce qu'est devenue la laïcité. Dans sa Lettre Persane adressée à Layla, une amie imaginaire, réfugiée syrienne, elle rêve d'une nouvelle Déclaration des droits humains et non humains égalitaire et pluriverselle.

LETTRE IX

Hanane Karimi à Layla
Strasbourg, le 10 mai 2030

Ma chère Layla,

Je suis tellement heureuse de lire que tu es enfin en sécurité et installée. La chambre que tu as louée a l'air optimale, bien située et confortable. Bon, il y a un peu de travail, mais tu vas vite l'aménager en un petit cocon douillet. Ici, tout est différent – les odeurs, les couleurs, les meubles, les textures, les sonorités –, mais tu verras, Paris a aussi son charme et tu auras mille occasions de chiner de petites pièces pour décorer ton intérieur à ton goût. Ta dernière lettre était tellement mélancolique... Je devine ta tristesse entre tes lignes qui se font de plus en plus rares. Je sais que je ne remplacerai jamais les tiens et que Paris ne remplacera jamais Damas, mais n'oublie pas que tu as, ici, une famille de cœur et que ma maison est la tienne.

Mon Dieu que la bureaucratie est lourde ! Je n'en reviens pas de la tonne de démarches et de procédures auxquelles tu dois te soumettre. Courage, elles seront bientôt un mauvais souvenir et tu pourras te préoccuper de choses plus ordinaires. Est-ce que tu as le temps, au milieu de tout ça, de prendre soin de toi ? Est-ce que tu parles à quelqu'un de ce que tu as enduré ? *Habibti*, ne sous-estime pas le choc que tu viens de vivre et l'arrachement qui est le tien. Il faudra du temps, mais, tu le sais mieux que moi, tu dois trouver un moyen d'extérioriser les images et les maux qui t'habitent.

Tous ces après-midi à démêler nos absurdités administratives ont au moins l'avantage de t'occuper l'esprit. Et une fois ton visa de travail obtenu, tu trouveras un poste de contractuelle en philosophie arabe sans aucun problème. L'université française fonctionne en partie grâce aux contractuels et aux vacataires, ton CV passera comme une lettre à la poste. Ça te stabilisera un peu et ça te permettra de faire ce que tu aimes tant : enseigner ! Je sais que cette perspective te réjouit, et les étudiants auront tellement de chance d'avoir une prof aussi érudite que toi... Écris à Samy Hassan de ma part, il est responsable de la licence histoire et philosophie arabe de la Sorbonne, il pourra sans doute t'aider. Ça doit te sembler irréel et ça prendra le temps qu'il faut, mais tu trouveras un nouvel équilibre, j'en suis sûre. Tu t'étais moquée de moi, il y a cinq ans, quand je nous projetais professeures à l'université de Paris, mais, qui sait, je vais peut-être finir par te rejoindre et quitter ma belle Strasbourg...

Pour répondre à ton invitation, je viendrai volontiers te voir pendant les congés d'octobre. Même si, entre toi et moi, c'est plutôt toi qui as besoin de changer d'air en ce moment. Peut-être que tu pourrais venir à la maison ?

Ça te ferait du bien de t'aérer une semaine en Alsace. On refera le monde et on cuisinera de bons petits plats syriens, *manahech* compris, en écoutant George Wassouf ou en récitant les poèmes de Nizar Qabbani. J'ai du mal à réaliser que ça va bientôt faire trois ans qu'on ne s'est pas vues ! Ce n'est pas une semaine qu'il nous faut mais au moins un mois !

Je te réponds depuis la Bibliothèque nationale et universitaire de Strasbourg, sur la place de la République, juste à côté de la préfecture. Je me suis pressée pour faire l'ouverture ce matin, histoire d'être un peu tranquille (je n'arrive pas à travailler à la maison, les enfants sont en vacances, donc c'est impossible de se concentrer). En arrivant, je suis passée devant le bâtiment préfectoral, il y avait déjà des dizaines de personnes qui attendaient sous le cagnard, dossier à la main. J'ai pensé à toi, au temps perdu dans ces longues files, à l'incivilité de certains agents publics. Tu as raison, c'est indigne, et j'aimerais pouvoir te dire que ton origine n'y est pour rien... Ils sont bien loin les idéaux humanistes que tu espérais découvrir en France. Ceux des philosophes des Lumières et des devises républicaines. Ils n'ont jamais vraiment traversé le stade de l'empreinte sur le papier ou les murs. Ici, on préfère vivre dans le déni et continuer à se raconter que nous avons été le berceau de l'humanité émancipée.

Je t'écris, mais je devrais plutôt préparer mon audition devant le Conseil de l'Europe, dont je te parlais le mois dernier. La date arrive à grands pas et je me questionne encore sur la meilleure manière de présenter mon propos.

J'ai été soulagée quand j'ai vu qu'elle aurait lieu dans le grand amphi où nous nous sommes rencontrées pendant le Forum mondial de la démocratie de 2012. Là où on avait écouté religieusement la grande Nawal El Saadawi. Quelle femme ! Ce franc-parler, ce courage, j'en garde un souvenir indélébile. Je ne vais pas rivaliser avec elle, mais je vais m'en inspirer pour préparer mon speech.

Je voulais attaquer en citant Aimé Césaire, pour donner le ton, mais j'ai peur que ce soit trop frontal : « *C'est là le grand reproche que j'adresse au pseudo-humanisme : d'avoir trop longtemps rapetissé les droits de l'homme, d'en avoir eu, d'en avoir encore, une conception étroite et parcellaire, partielle et partiale et, tout compte fait, sordidement raciste.* » C'est implacable, mais si je commence en leur disant que l'humanisme est profondément raciste, je vais saboter mon intervention.Les membres européens du Groupement intergouvernemental pour la paix vont fulminer. Tu sais ce que c'est : il ne faut surtout pas rompre l'enchantement. Le pays des merveilles comme celui des Lumières préfère rester dans l'illusion de sa perfection. Cette nuit, j'ai rêvé que je prenais la parole au pupitre et que la Reine de cœur d'*Alice au pays des merveilles* se mettait debout sur un strapontin et me pointait avec son sceptre en criant : « *Qu'on lui coupe la tête !* »

J'ai retourné le problème dans tous les sens et j'ai finalement décidé d'ouvrir en parlant de ton exil. Je vais leur raconter ton parcours, tes galères, tes espoirs et la sordide réalité que tu as découverte en arrivant en Europe. C'est la meilleure manière de leur montrer à quel point la hiérarchie raciale est profondément ancrée dans nos sociétés. Ça me permettra d'amener la question du déni racial progressivement, sans les assommer de statistiques sur les discriminations, mais en leur rappelant que tu es la voix de millions de personnes qui vivent en Europe aujourd'hui. Je leur dirai avec force que les idéaux de nos sociétés démocratiques ne sont rien s'ils ne sont pas incarnés. Que si nous sommes les héritiers et les héritières éclairés des Lumières, la raison nous oblige, et qu'elle n'est pas une faculté qu'on proclame mais qu'on éprouve contre soi-même.

J'écris ces mots et j'imagine déjà mon émotion. Je sais que mon propos ne sera pas consensuel, je serai sans doute huée comme je l'ai été au Sénat en 2017 pour moins que ça, mais ton histoire me donnera la force d'affronter l'hostilité. Je leur raconterai ta traversée en bateau de la Turquie vers les côtes grecques. Comme j'ai honte de nos silences complices, de nos indignations temporaires et de notre lâcheté !

Je leur parlerai du désenchantement démocratique que je ressens en tant que sociologue face à la course aux extrêmes, aux politiques arbitraires de plus en plus courantes et aux propos honteux d'hommes et de femmes politiques qui déshumanisent leurs semblables parce que leur religion ou leur couleur de peau est différente. Je leur demanderai par quel tour de passe-passe ils arrivent en même temps à nier la raison et l'ériger en principe. Il faut croire qu'elle est devenue pour eux un exercice de style voué à garnir les bibliothèques...

J'ai moi-même été bercée par la fiction d'une rationalité triomphante qui transcenderait la nature et la culture. J'ai cru en l'universalisme, en ses promesses de liberté, de démocratie et d'égalité. Et c'est toi qui m'as ouvert les yeux, ou plutôt l'esprit. Tu parlais de « *particularisme européen* » et tu voyais juste. J'ai progressivement compris à quel point mon rapport au monde était étriqué et eurocentré, à quel point les Lumières, les ego et les dogmes l'avaient obscurci. Il faut qu'à mon tour je parvienne à leur faire prendre conscience de ça, de la chance que représente ce projet intergouvernemental.

C'est un rendez-vous que nous n'avons pas le droit de manquer. Nous devons décoloniser nos esprits, notre rapport aux autres, libérer nos sens, nos logiques, nos goûts si l'on veut transformer l'avenir. Notre monde a un besoin urgent de repenser ses imaginaires et sa relation à l'humain et au non-humain. Il doit comprendre que le feu qui détruit les écosystèmes des forêts amazoniennes et canadiennes fait écho à celui des révoltes urbaines contre l'injustice, le racisme, les violences et les crimes policiers, qu'il est une conséquence et un symptôme de notre égarement. Il est plus que temps de corriger les angles morts d'une promesse politique éclairée et surtout inachevée.

Cette déclaration, ma chère Layla, sera l'œuvre des mal dotés, des réfugiés, des exilés, des malades, des âgés, des laissés-pour-compte. Elle devra faire la part belle à toutes celles et ceux qui ont été privés du pouvoir de décider de leur propre sort. Je mets sans doute trop d'espoir dans ce groupement intergouvernemental, mais j'ai envie d'espérer. L'Histoire n'est pas une fatalité, je suis convaincue que nous avons le pouvoir d'infléchir la direction qu'elle prend, chacun à notre petite échelle. La part du colibri en quelque sorte. Lundi, je ferai la mienne.

J'appréhende cette audience. J'ai peur que les membres de la commission se murent dans leurs certitudes... Mais, j'ai repensé à ce que tu m'as dit, et tu as raison : quitte à les bousculer, autant aller jusqu'au bout. Je vais leur proposer de réécrire la Déclaration des droits de l'homme et du citoyen parce qu'elle est caduque et incomplète, et qu'elle ne répond pas aux enjeux d'aujourd'hui et de demain. C'est une prose utopique qui a échoué à s'incarner, je le constate chaque matin quand j'enfile mes habits de sociologue. Je vais leur rappeler que notre ère de la modernité s'est construite sur les corps non blancs exploités, torturés, mutilés, sur le saccage de la Terre et des corps. Il est grand temps de « *provincialiser l'Europe* », comme le disait le penseur postcolonial Dipesh Chakrabarty. Il montre avec brio que la pensée européenne est indispensable et inadéquate en même temps. J'aimerais tant pouvoir discuter de tout ça avec toi... N'hésite pas à m'envoyer des conseils de lecture. Ils me permettent toujours de penser plus loin.

Ça fait des années maintenant que je réfléchis à cette Déclaration pluriverselle des droits humains et non humains. Ce n'est pas juste une histoire de symbole, je te jure que j'y crois vraiment. Elle devra s'adresser à celles et ceux qui ont fui leur terre à cause de la guerre ou de la famine, à celles et ceux qui ont sacrifié leur vie à leur foyer et au soin des autres sans que leur travail soit estimé, reconnu ou rémunéré ; à celles et ceux, martyrs de la dignité, qui ont été violentés et tués pour maintenir un ordre public, une idéologie ou une croyance. L'ambition de cette déclaration ne devra pas être celle de la production, du gain capitaliste, mais de la décroissance. Je te dis ça et je me rends compte de l'immensité de la tâche... Quelle transition, quelle prise de conscience permettrait d'y arriver ? Je ne sais pas, mais je veux croire qu'elle existe.

Nous sommes à l'aube d'un nouveau monde que de très nombreux intellectuels avaient pensé il y a un siècle. Ce nouveau monde, ils et elles l'appelaient la « transmodernité », comme passage de l'universalisme au pluriversalisme, comme dialogue du monde sur lui-même. *« La question n'est pas la Différence ou l'Universalité mais l'Universalité dans la Différence et la Différence dans l'Universalité.* » En une phrase, Enrique Dussel arrive à tracer une voie et se pose, pour moi, en grand philosophe argentin de la libération.

J'ai abandonné l'idée d'ouvrir mon intervention avec Aimé Césaire, mais j'ai bien envie de terminer avec lui : *« Une civilisation qui s'avère incapable de résoudre les problèmes que suscite son fonctionnement est une civilisation décadente. Une civilisation qui choisit de fermer les yeux à ses problèmes les plus cruciaux est une civilisation atteinte. Une civilisation qui ruse avec ses principes est une civilisation moribonde.* » Ça leur donnera peut-être envie de se bouger, qui sait ? Tu dois bien rire en lisant toutes les précautions que je prends pour cette audition. Il est loin le temps où je pensais qu'il fallait une révolution pour changer les choses... Il faut croire que je vieillis, ou que je me suis mise à craindre les soldats de la Reine de cœur !

Je me réjouis de te lire et de te voir bientôt.
Je t'embrasse tendrement,
Hanane

ÉLISABETH DE POURQUERY

Affaires Karachi, Bismuth, Cahuzac, Bygmalion, Carlos, le dernier acquitté d'Outreau, l'infanticide de Douai, le procès Fortin... Élisabeth de Pourquery y était. Dessinatrice d'audience, elle hante les palais de justice depuis son premier tribunal correctionnel en 2014. C'était à Paris, six hommes comparaissaient pour incitation au djihad. Depuis, ses dessins ont fait le tour du monde, et elle, le tour de France. En dix ans, elle a couvert plus de cent cinquante affaires et observé le terrorisme islamique de près. La filière de Strasbourg, l'attentat du Thalys, celui de Nice, la tuerie de *Charlie Hebdo*, celle de l'Hypercacher. Et puis, le procès du 13 novembre. Dix mois à regarder l'État islamique dans les yeux. Chroniqueuse de l'ombre, campée à quelques centimètres des accusés, elle sculpte leurs contradictions à coups d'aquarelles. Exceptionnellement, elle prend la plume pour raconter un procès historique et esquisser Salah Abdeslam, l'homme derrière le symbole. Elle confie à Antoine – biographe fictif inventé pour les besoins de sa lettre – ses doutes et ses craintes.

LETTRE X

Élisabeth de Pourquery à Antoine
Île de la Cité, Paris, le 3 août 2023

Antoine,

J'ai hésité à vous répondre. Votre lettre a réveillé de longues heures passées au palais de justice à croquer des scènes que j'espérais oublier. Mais je comprends votre démarche. Salah Abdeslam est une énigme. Un jeune homme qu'on aurait pu rencontrer derrière le comptoir du café des Béguines à Molenbeek. Une trajectoire devenue le symbole d'une époque, l'incarnation du terrorisme islamiste.

J'ai passé dix mois à scruter ses respirations et ses regards. J'ai croqué ses certitudes, ses failles et ses ténèbres, mais je suis ressortie avec plus de questions que de réponses. Je préfère vous prévenir, s'intéresser à Salah Abdeslam, c'est s'engager dans des réflexions terrifiantes. Alors, un conseil : ancrez-vous solidement dans votre démarche, ne perdez jamais de vue la distance qu'exigent nos métiers d'ombre, sortez, allez visiter des expositions, voir des amis, respirer un autre air que celui asphyxiant de la douleur et de la violence.

J'ai replongé ce week-end avec angoisse dans mes cartons à dessin, je me suis remémoré chaque croquis, chaque victime, chaque témoignage. Je n'avais pas réalisé à quel point j'avais été ébranlée par ce procès, à quel point ces mois avaient marqué pour moi une période d'intenses transformations. J'ai été le miroir d'une souffrance collective qui me dépassait, j'en ai pris conscience en survolant mes dessins. Sur le banc du palais de justice, je me suis cherchée, j'ai essayé différents styles, de la couleur, du noir et blanc... Et puis, je me suis rappelé mes cours à la Sorbonne : ce qui compte, ce n'est pas le dessin, mais le projet. Je vous joins quelques fragments de cet ensemble disparate. C'est encore avec mes crayons que j'observe le mieux...

Tout était démesuré dans ce procès, le dispositif sécuritaire, la taille de la salle et le nombre de personnes à la barre : vingt accusés, mille sept cents parties civiles, trois cents avocats. Je me souviens de la première apparition de Salah Abdeslam. Il est entré dans le box comme une bête traquée. Après plusieurs années cloîtré dans sa prison ultra-surveillée, il n'arrivait pas à affronter nos cinq cent cinquante regards. Assis à quelques centimètres de mes pinceaux, il fulminait, il refusait d'être dessiné. Et puis, au fil des semaines,

quelque chose a changé. Il avait plaisir à retrouver ses camarades chaque matin, il choisissait ses tenues avec soin, il guettait ses attitudes qui prenaient vie sur mes Canson. Un matin, il s'est mis à me saluer. J'ai hésité... Est-ce qu'on peut dire bonjour à un terroriste ?

Je crois que c'est ça qui a été le plus compliqué pour moi, de surprendre ses bribes d'humanité. Salah Abdeslam est un homme fin sous son costume de djihadiste. Il n'est pas à un paradoxe près... Il conduisait la voiture qui a déposé les terroristes au Stade de France, et pourtant Daesh n'avait pas confiance en lui. Il a mis du temps à reconnaître qu'il était la solution de repli de l'État islamique. Contrairement à son frère, il n'a jamais été un voyou. Il était plutôt bon élève, il avait trouvé un emploi. Avec les attentats, il a dû choisir entre le modèle d'intégration de ses parents et la vision méphitique de son frère. Pour lui, c'était une histoire de famille. Dans la salle d'audience, on ressentait ce conflit de loyauté. Il portait le discours de Daesh, mais sans mépriser les victimes. Il n'était pas fier d'avoir endeuillé tant de familles, mais il défendait sa cause, « la » cause. Cette confrontation impossible

était un moment de vérité indispensable pour les victimes. Il voyait les séquelles et les stigmates qu'elles portaient, mais il les comparait aux souffrances des enfants syriens que la France avait, à ses yeux, abandonnés.

Ah, François Hollande, ça, c'est un vrai sujet ! Salah Abdeslam haïssait ses décisions politiques. Il l'invoquait souvent pour justifier ses actes. Et puis, un jour, la rencontre est arrivée. L'ancien président a été appelé à la barre. Salah Abdeslam avait mis une veste noire pour l'occasion. Je le sentais bouillir sur sa chaise. Deux mondes s'affrontaient, deux visions qui transpiraient l'incompréhension. François Hollande toisait le box avec mépris : *« Il ne vaut pas mieux qu'un voyou de banlieue, voilà tout ce qu'il est. »* Les mots sont tombés comme une sentence. Salah Abdeslam enrageait, il voulait se défendre, il voulait accabler la politique et l'inaction de l'ancien président. Quand il s'est levé, les poings serrés, son avocate a bondi pour lui intimer l'ordre de se taire. Et contre toute attente, il lui a obéi. Pinceau en l'air, je l'ai vu se rasseoir, réduit à l'impuissance. Ce geste de soumission résume parfaitement son rôle de terroriste élu par défaut par Daesh. Salah Abdeslam est devenu un symbole qu'il n'avait pas choisi d'incarner.

Tout au long du procès, j'ai eu peur de mon empathie. Alors, je me suis arrimée à mes aquarelles – mes pinceaux m'ont protégée –, j'ai pensé technique face à la douleur des victimes, courbure du trait pour conjurer l'horreur des scènes du Bataclan, et j'ai dessiné. Est-ce qu'il était endoctriné ? Indéniablement. Quelle part d'humanité reste en lui ? Vaste question... Au bout de huit longs mois, il a fini par craquer. Il a pleuré, présenté ses condoléances, expliqué qu'il ne s'était pas rendu compte qu'il y aurait autant de victimes, autant de familles. Mais à qui s'adressaient ses larmes ? Des zones d'ombre entourent toujours cette nuit tragique. Est-ce qu'il a renoncé à se faire exploser, est-ce que la ceinture était défectueuse, est-ce qu'il a eu peur de mourir ? On ne le saura jamais. Et c'est une incertitude qu'il vous faudra aussi accepter.

J'espère que ces quelques éléments vous aideront.

Confraternellement,
Élisabeth de Pourquery, dessinatrice d'audience

pourquery
avril 2022

LYDIE LESCARMONTIER

Lydie Lescarmontier a vingt-trois ans au moment où elle embarque pour la première fois sur *L'Astrolabe*, l'impressionnant navire polaire assurant le ravitaillement de la station scientifique Dumont d'Urville en terre Adélie. Lorsqu'elle quitte la Tasmanie pour étudier le glacier Mertz, elle ignore la puissance du choc esthétique qui l'attend. *« Une immense gifle d'absolu »*, écrit-elle dans *La Voix des pôles* (Flammarion, 2021), journal de bord de ses voyages aux confins du monde. Au cours de ses vingt-cinq expéditions polaires, elle documente l'impact du changement climatique sur la calotte antarctique. Depuis 2018, elle a raccroché ses gants de chercheuse pour s'engager dans la défense des territoires fragiles de la Terre. Au sein du centre de l'Unesco Office for Climate Education d'abord, puis de l'ONG International Cryosphere Climate Initiative. Elle confie sa Lettre Persane à Jules Dumont d'Urville, officier de marine et grand navigateur qui, une nuit glaciale de janvier 1840, après avoir exploré les côtes accidentées du pôle Sud à bord de sa corvette légendaire, accoste sur un nouveau continent qu'il appellera « terre Adélie »...

LETTRE XI

Lydie Lescarmontier à Jules Dumont d'Urville
L'Astrolabe, le 17 janvier 2020

Monsieur le futur contre-amiral,

Je devrais peut-être écrire Jules, plus simplement. Nous sommes aux prises avec la banquise depuis deux jours maintenant. Je viens de voir notre second dévaler les marches de la passerelle pour surveiller les icebergs à tribord. Il n'a pas dû fermer l'œil de la nuit. *L'Astrolabe*, notre navire brise-glace, avance dans son royaume, sûrement mais difficilement. Au loin, quelques manchots se querellent à coups de nageoire. Depuis notre départ, la dizaine de scientifiques et de techniciens qui se préparent à rencontrer la terre Adélie capturent de leurs appareils photo flambant neufs (de petits boîtiers en métal qui immortalisent les paysages) chaque instant passé à bord. Après avoir dévoré le récit de votre expédition, je ne peux pas m'empêcher de vous imaginer à nos côtés.

En cent quatre-vingts ans, beaucoup de choses ont changé. *L'Astrolabe* pour commencer. Votre corvette à trois mâts n'existe plus, mais elle a donné son nom à un navire polaire de quatre mille deux cents tonnes. Une sorte de taxi de la banquise qui transporte les équipes, le matériel et les vivres depuis Hobart en Tasmanie jusqu'à la station française qui porte votre nom. Il fait le trajet cinq fois par été austral avant de laisser, en mars, la banquise s'emparer de ce petit caillou du bout du monde.

Nous avons quitté l'Australie il y a maintenant plus d'une semaine. Chaque matin, je longe le bastingage jusqu'à la passerelle pour recueillir les dernières informations sur notre traversée. J'adore l'effervescence qui y règne, les radios qui hurlent les voix des mécaniciens cachés dans les entrailles du bateau, les officiers de pont qui s'affairent. J'essaie de comprendre la situation, d'anticiper leur prochaine manœuvre. Comme chaque matin, le commandant est vissé devant sa barre. Je devine son intense concentration. Aujourd'hui, ses sourcils froncés le trahissent : il est soucieux. La banquise se resserre autour de nous. Alors je préfère rester ici. Je me suis glissée à sa droite, le plus discrètement possible, pour vous écrire.

Depuis que j'ai embarqué sur *L'Astrolabe*, vous m'accompagnez partout, cher Jules. Votre nom est indissociable de cette partie du monde. Comme vous, les yeux fixés sur l'horizon, j'essaie de lire dans la glace la direction à prendre. Je vous imagine si loin de votre Normandie natale, entouré des mêmes paysages immaculés, vos sourcils froncés face à l'inconnu, le cœur palpitant. Qu'est-ce qui vous poussait à naviguer vers cette terre si inhospitalière ? La gloire ? L'adrénaline d'explorer ce que personne n'avait encore jamais vu ?

Le désir de porter le drapeau de la France aux confins du globe ? Ou la fierté de déceler l'admiration dans les yeux d'Adèle à votre retour ? Vous l'ignorez, mais votre amour pour elle a traversé les siècles et résonne dans chaque recoin de la banquise. La terre Adélie, le manchot Adélie... Vous l'avez éternellement liée à la beauté farouche de ces étendues glacées. Je vous devine sensible, amoureux, poète. Aussi épris de votre épouse que de cette terre que vous êtes sur le point de découvrir. Et pour laquelle vous risquez votre vie.

En regardant la glace épaisse qui s'étend jusqu'à l'horizon, je frissonne. Un mélange d'angoisse et d'excitation. Quel bonheur de partager pour quelques jours votre quotidien d'explorateur du XIXe siècle ! Près de deux cents ans nous séparent, et pourtant nos bateaux portent le même nom, notre cap est identique, notre passion pour ce monde gelé aussi. Quelques cartes satellites facilitent indéniablement notre traversée, mais quelque chose reste viscéralement sauvage dans ce périple.

J'aimerais vous écrire que peu de choses ont changé. Mais je vous mentirais. Nous sommes en train d'éteindre la poésie indomptée des glaces polaires. Même le bout du monde n'est pas assez loin pour échapper à notre folie. J'ai honte de ce nous, de ce nous qui a cru pendant trop longtemps que les pôles étaient hors d'atteinte, que l'Antarctique n'était qu'un refuge pour les manchots et les baleines. En 1959, on a réussi à faire taire les revendications territoriales des douze pays qui avaient les premiers exploré le continent. Les États ont signé un traité dans lequel ils s'engageaient à ne mener que des activités pacifiques et à partager les résultats de leurs recherches. Cent dix-neuf ans après votre expédition, l'Antarctique devenait une terre consacrée *« à la paix et à la science »* ! Une avancée significative depuis l'époque où vos rivaux britanniques Francis Crozier et James Ross vous talonnaient et où vous coupiez la route de James Cook pour planter le drapeau français. Vous imaginez qu'à partir de là les choses se sont arrangées ? Bien au contraire, elles se sont même dangereusement compliquées…

Aujourd'hui, chaque molécule de carbone que nous émettons érode la beauté fragile de la banquise. Cette terre gelée qui a tenu en respect les corvettes des plus puissantes nations est en train de se réduire à une fine dentelle. Des milliers de kilomètres de glace fondent et accidentent chaque année les côtes de l'Antarctique. Pourquoi ? À cause du réchauffement des océans. Nos modes de vie - nés de la révolution industrielle qui bouleverse déjà votre époque - essoufflent la Terre. Même nos glaciers continentaux perdent tous les ans des centaines de milliards de tonnes de glace. Le chiffre donne le tournis.

L'Antarctique est bien plus qu'un symbole, c'est une magnifique bibliothèque qui préserve la mémoire climatique du monde. Une bibliothèque que vous avez ébauchée en rentrant les cales chargées d'échantillons de roches, d'algues ou encore d'animaux. Un trésor qui renferme les données de millions d'années d'évolution atmosphérique. L'Antarctique est un lanceur d'alerte qui nous crie depuis des décennies que nous altérons irrévocablement notre climat. Lui qui semble si gigantesque et inébranlable ne résiste plus à nos assauts répétés. Mais en l'atteignant, nous détruisons bien plus que nos souvenirs climatiques... Avec sa sœur l'Arctique, ils forment les grands rouages du climat. Sans eux, les eaux polaires ne se chargent plus en sel, ne plongent plus dans les profondeurs et ne sont plus capables de mettre en mouvement le grand tapis roulant de la circulation mondiale. À quoi ressembleraient nos météos locales sans leur travail ? Nous sommes loin de le savoir.

Jules, l'équilibre fragile de tout le continent est ébranlé. Le Grand Sud est déjà en train de faire gonfler les océans sous l'effet de sa fonte. En cent quatre-vingts ans, nous avons réussi l'exploit de mettre en danger notre espèce et toutes celles qui habitent la Terre. Certains de mes collègues pensent que nous avons déjà atteint un point de non-retour et que la calotte de l'Antarctique de l'Ouest, que votre rival anglais James Ross découvrira quelques semaines après vous, est déjà condamnée par la hausse de la température actuelle. Quatre mètres de niveau marin s'apprêtent ainsi déferler sur le reste du monde dans les siècles à venir.

Je vous imagine me lire, j'imagine votre choc, votre indignation. Vous avez infiniment raison d'être en colère. Vous vous apprêtez à découvrir une terre sublime mais condamnée. J'entends votre détresse, vos interrogations silencieuses : *« Que faire ? »* Je me suis longtemps posé la question. Comme vous, j'ai choisi de vouer ma vie au Grand Sud. Le métier d'explorateur n'existe plus vraiment, alors je suis devenue glaciologue. Je passe mon temps à alerter le grand public et les décideurs politiques. Mais au fond, vous et moi, nous savons très bien que la seule chose qui protège l'Antarctique, c'est sa beauté et l'amour qu'on lui porte.

Alors, continuez de l'aimer, Jules. Que cet amour soit inconditionnel ! Il deviendra sa plus belle protection.

Sincèrement,
Lydie

JEAN-CHARLES SAMUELIAN-WERVE

À trente-six ans, Jean-Charles Samuelian-Werve est à la tête de l'une des licornes les plus florissantes de la French Tech, Alan. Quatre cent cinquante mille clients et trois cents millions de chiffre d'affaires réalisé entre la France, la Belgique et l'Espagne. Quand il débarque en 2016, ce partenaire santé 100 % en ligne qui mêle assurance et prévention bouscule un secteur ronronnant. Pour les clients, on consulte des médecins d'astreinte en visio, on scanne ses ordonnances et on discute par chat. Pour les collaborateurs, pas de chef, pas de réunions, et une transparence absolue, des salaires jusqu'aux causes des licenciements. Fils de psychiatres, passionné par l'informatique, Jean-Charles Samuelian-Werve a grandi entre la technologie et les humanités. Petit-fils d'immigrés arméniens arrivés en France en 1920, il inscrit sa fibre entrepreneuriale dans son histoire familiale et loue la puissance du travail. Il envoie sa Lettre Persane en 2005, à l'heure où YouTube fait ses premiers pas et où lui termine sa première année de classe préparatoire. Une « lettre pour trop tard » qu'il adresse au jeune adulte qu'il était alors, plein de rêves et de doutes.

LETTRE XII

Jean-Charles à l'adolescent qu'il était
Paris, le 10 août 2023

Jean-Charles,

Je t'écris du futur. Un futur où YouTube a supplanté la télévision, où Nokia est devenu un acteur insignifiant de la téléphonie, et le CD-ROM un vestige du passé. Je t'imagine, à dix-huit ans, décacheter ma lettre et je souris. J'ai hâte que tu découvres l'IA générative et la fibre… ça va te faire rêver. Le monde a tellement changé en vingt ans. Toi aussi.

J'ai plus du double de ton âge aujourd'hui, je suis marié, devenu papa et j'ai fondé une start-up à Paris. On l'a appelée Alan pour matérialiser la rencontre entre l'informatique et la philosophie, entre Alan Turing et Alan Watts. C'est un partenaire santé « tout-en-un » qui veut aider les gens à bien vivre plus longtemps, pas seulement *« dans le silence des organes »*, pour dépasser la formule du chirurgien René Leriche. Imagine un peu : gagner du temps, quelques années d'une vie sans douleur. Le défi est immense. Mais je te rassure, tu ne le relèveras pas tout seul. Tu vas rencontrer un ami extraordinaire aux Ponts et Chaussées, Charles. Ne le perds jamais de vue, il déménagera aux États-Unis, mais il reviendra souvent. Avec lui, tu verras plus loin.

Le futur a tendance à venir plus tôt lorsqu'on parie dessus. Et pour nous, il est venu très vite, peut-être un peu trop. Avec du recul, j'aurais aimé savoir deux ou trois choses avant de me lancer, ça nous aurait évité une poignée de nuits blanches. Hier soir, ça m'a empêché de dormir, j'ai imaginé ce que je te dirais. Alors, ce matin, j'ai décidé de t'envoyer quelques conseils. Ce que je t'écris est forcément imparfait et incomplet, mais je te fais confiance pour faire le tri.

Il y a trois ou quatre ans, j'ai lu le discours qu'a donné Theodore Roosevelt à la Sorbonne en 1910. Devant l'amphi bondé de la rue des Écoles, il a forgé l'image du dirigeant gladiateur qui ose, tombe et se relève. « *Le crédit appartient à l'homme qui est descendu dans l'arène, dont le visage est sali de poussière, de sueur et de sang* [...] *parce qu'il n'est pas d'effort sans accompagnement d'erreur ou de faute.* » Sur le papier, c'est grandiloquent, mais il y a tellement de vrai dans ces mots. Je les ai découverts en parcourant l'autobiographie du P.-D.G. de Disney, Bob Iger. Ce livre sortira dans quatorze ans, mais je suis sûr que tu peux trouver le discours de Roosevelt quelque part en ligne. Il a mis des mots sur un principe que j'essaie d'incarner. Je ne sais pas te l'expliquer, mais quelque chose a résonné viscéralement. J'espère que quand tu le liras, tu en saisiras toute la profondeur et la gageure. Quoi qu'il en soit, cet élan, cette envie d'agir, cultive-la et rappelle-toi que les critiques qui ne font rien n'ont pas voix au chapitre. Commence par essayer, ensuite tu donneras ton avis.

Aux Ponts et Chaussées, à la fin de ta première année, on te demandera d'écrire un mémoire. Penche-toi sur la French Tech (qui n'existe pas encore), explore les clusters du Web en Île-de-France, va faire un tour du côté de Silicon Sentier, tu réconcilieras l'ado geek qui vendait des CD gravés au collège et l'entrepreneur que tu rêves de devenir. En grandissant à Marseille, loin de la Silicon Valley et des histoires d'entrepreneurs qui innovent dans leur garage, tu considères les nouvelles technologies comme un passe-temps, pourtant, c'est aussi une voie professionnelle. Internet est une école de l'entrepreneuriat. La preuve que le savoir ne s'apprend pas que dans les manuels scolaires, qu'il est perpétuel, constant, se loge dans chaque nouvelle rencontre, chaque expérience, chaque échec. Fais du monde ton professeur.

Ne cherche pas de mentor. Oui, Steve Jobs, Jeff Bezos et Elon Musk ont ouvert une voie. Mais il faut une infinité de personnes à admirer pour forger son chemin. Si tu te focalises sur l'un d'eux, tu n'en retireras qu'une admiration béate et stérile. Tous ont quelque chose à t'apprendre, mais c'est à toi de conjuguer et transcender leurs enseignements. Si tu transposes, tu étoufferas ton intuition, tu perdras ta capacité à défier les normes et tu ne dessineras jamais les contours de ta vision. Entoure-toi de personnes qui te poussent à être meilleur, qui voient en toi plus que tu n'oses voir toi-même. Leurs énergies, leurs idées, leurs audaces t'aideront à grandir. Ils sont tes alliés, ton réseau, ton reflet. Ce qui t'impressionne en eux, tu peux le développer en toi.

Ne perds pas de temps à regretter une carrière de médecin. Un jour, tu arriveras à voir du sang sans tomber dans les pommes, mais surtout, tu trouveras comment travailler dans la santé sans opérer ou prescrire. À l'heure où un Français sur deux renonce aux soins parce qu'ils sont trop coûteux, où un Français sur deux vit dans un désert médical, l'accessibilité n'a jamais été aussi cruciale et la prévention indispensable. Réfléchis aux réponses que pourraient apporter les nouvelles technologies à ces défis. Un soir, tu pourrais bien avoir l'idée de fonder Alan...

Je me relis et je me rends compte que raconté comme ça, tout a l'air simple. Détrompe-toi, on va te claquer beaucoup de portes au nez, on te dira que ton business plan n'est pas viable, qu'on ne peut pas innover sur les modèles de santé... Ne te braque pas, essaie de comprendre pourquoi on t'oppose ces arguments et rappelle-toi qu'on a toujours peur du changement. Les critiques, les doutes et les jugements font partie du voyage. Ne les fuis pas, c'est dans les problèmes les plus complexes que tu trouveras le plus de satisfaction. Ils te poussent à penser différemment, à entreprendre. Innover demande du temps, beaucoup de temps, il n'existe pas de raccourcis... Pour avoir de bonnes idées, il faut mettre les mains dans le cambouis.

Et même avoir une bonne idée ne suffit pas. Ne sous-estime pas l'importance de la culture d'entreprise dans le succès d'une boîte. C'est un élément qui fera une différence incroyable dans ton succès et ton bien-être. Elle doit être limpide, incarnée et structurée autour de valeurs fortes. On est plus intelligent à plusieurs, alors ose donner le pouvoir de décision à ceux qui travaillent avec toi. Réfléchis aux conditions permettant une responsabilité partagée. Transforme tes collaborateurs en despotes éclairés, apprends-leur à décider sans chercher le consensus mou, en s'appuyant sur une connaissance approfondie des sujets et de l'entreprise.

Au fil des années, tu vas comprendre que la communication est au cœur de tout, que pour réussir, il faut savoir s'écouter. Alan est née de cette volonté, celle d'une transparence radicale, de cette vision d'une organisation fractale. Chez nous, tout est écrit, accessible, chaque décision est expliquée, et cette transparence appelle l'excellence. C'est un antidote à l'inertie et la sclérose. N'oublie jamais que tu t'es juré de combattre la bureaucratie, c'est un travers dans lequel il est facile de retomber.

Toutes ces qualités personnelles que je t'appelle à cultiver, tu dois les mettre au service de grandes causes. Tu devrais t'attaquer aux problèmes qui comptent : l'éducation de nos enfants, la santé de tous, la planète. Tu as l'embarras du choix. Construis pour tous, avec ambition, et construis pour toi, une famille, avec une partenaire extraordinaire, des enfants. Ils t'apprendront plus sur toi-même que tous les livres. Chéris-les, habite pleinement le temps que tu passes avec eux.

Avoir des enfants m'oblige à penser au futur d'Alan. J'aimerais que l'entreprise traverse plusieurs générations, qu'elle conjugue le sens de l'innovation de la Silicon Valley et la capacité de l'Europe à penser le temps long.

Mais je dévie... Je vais devoir te laisser, alors un dernier conseil : apprends à mieux te connaître, accepte que la force de tes sentiments n'est pas une preuve de vérité objective. Il n'existe pas de plus gros freins que ceux que l'on se met. Mais pour qu'ils ne te paralysent pas, il faut que tu les identifies et que tu t'y confrontes. C'est une hygiène quotidienne. Un jour, tu prendras la parole devant plusieurs centaines de personnes sans sourciller. Enfin presque... Je t'ai dit qu'on avait fait du chemin !

J'espère que ces mots t'aideront. L'avenir est radieux quand on le construit. Sois un optimiste réaliste, c'est l'une des vertus majeures d'un bon leader. Les pessimistes ne suscitent ni motivation ni vigueur chez les autres, ne l'oublie jamais.

Alors construis, allègrement, pour un meilleur demain.

Jean-Charles

COCO

La résilience, il y a ceux qui en parlent et ceux qui l'incarnent. Dessinatrice de presse et de bande dessinée, Coco appartient à cette seconde famille. Dans son album *Dessiner encore* (Les Arènes, 2021), elle raconte comment son métier l'a sauvée de la culpabilité d'être toujours vivante, et parfois heureuse, depuis l'attentat terroriste du 7 janvier 2015 qui a décimé la rédaction de *Charlie Hebdo*, dont elle faisait partie. À la suite de cet épisode traumatique, elle poursuit sa collaboration avec l'hebdomadaire. Son humour trash, implacable, on le retrouve également sur le plateau du *28 Minutes* d'Arte, dans les pages d'*Usbek & Rica*, dans deux œuvres classiques mises en bulles – *Antigone* de Sophocle (Les Échappés, 2017) et *Le Banquet* de Platon, avec Raphaël Enthoven (Les Échappés, 2019) –, mais aussi, depuis 2021, dans les pages de *Libération*, où elle a pris la succession du dessinateur Willem. Elle adresse sa Lettre Persane à l'un de ses interlocuteurs favoris, Dieu, pour lui dire à quel point elle doute qu'entre eux ça puisse *matcher*.

Cher Dieu,
BZZZZ
Toi qui n'existes pas... Je ressens
pourtant ta présence où que j'aille,
flotter dans l'air un peu partout...
Quel est ce mystère ?
Le charme, baby
Je sens bien qu'il se passe quelque
chose d'intense en moi, mais est-ce
bien raisonnable, quand tous ces
croyants, en ton nom, nous font la vie ?
Mon esprit semble succomber,
mais mon corps de femme me dit NON.
PAS ENVIE D'ÊTRE EMPRISONNÉE
DANS CES TORCHONS RÉACS ET SEXISTES !
...NI FINIR EN VENTRE-PROCRÉATEUR-AMBULANT
Mon coeur, d'ordinaire si indiffé-
rent à tout mysticisme, bat à tout
rompre à ta seule pensée, aussi fort
que des explosions de kamikazes
BOUM
BOUM
BOUM

Je t'imagine... Avec ta longue barbe blanche et douce comme de la laine
LAINE DE MOUTON DE L'AÏD OU DE PÂQUES?
«Dieu sauve» «Dieu est grand» «Dieu est amour»... Que ces phrases aguicheuses me font tourner la tête!
Pourquoi ne pas la perdre?
Je me sens vulnérable dans tes mains robustes... Fragile comme un enfant...
UN ENFANT? OÙ ÇA? OÙ ÇA?
GNI
Et puis merde... si je cède? Qu'y pourrais-je? Après tout, n'es-tu pas le «TOUT-PUISSANT»? Celui qui dirige tout en ce bas-monde?
C'est pas les juifs qui dirigent le monde?!

Dieu de toutes les folies...
Mes sentiments, déjà si forts
me font peur...
PEUR? POURQUOI DIABLE!
Et si tu étais juste... un con?
Serais-je prête à tout supporter,
tes caprises? Tes injonctions, tes
interdits?
LA LISTE EST LONGUE!
Rituels
prières
ablution
bénédi
cité...
Ô Dieu,
Dieu de tous les doutes
J'ai vraiment très peur que
ça ne matche pas entre nous,
que tu me fasses souffrir...
AÏE
PAF!
... Mais toi? Toi, de ton côté...
Me répudieras-tu quand tu découvri-
ras mes penchants pour le blasphème
et ma grande mécréance?

Dieu, mythe de mon palpitant,
Pardonne-moi, je ne peux pas.

Il vaut mieux que nous en restions là.
Que nous cessions de nous écrire et que nous reprenions nos vies comme avant.

Moi, athée.
Et toi…
Continue à n'être qu'un bon sujet pour mes dessins.

COCO.

YOUNÈS BOUCIF

Quand il ne tourne pas, Younès Boucif rappe. Révélé par la série *Drôle* diffusée sur Netflix en 2022 – et sacré meilleur acteur par l'Association française des critiques de séries –, le comédien normand est un mordu des mots. Quand son personnage, Nezir, rêve de percer sur la scène stand-up parisienne, lui griffonne des seize mesures et travaille son flow. Diplômé en droit à la Sorbonne et en création littéraire, Younès (son nom d'artiste) a grandi bercé par Jean Ferrat et Oum Kalthoum. Son premier album, *Identité remarquable* (2022), raconte cette hybridation, le parcours d'un fils d'immigré algérien qui tente de trouver sa place dans un quartier pavillonnaire de la banlieue de Rouen. Quinze titres intimistes et politiques qui dessinent les galères d'une génération Internet entre notes vocales et éveil décolonial. En 2019, l'artiste éclectique avait indigné la fachosphère avec son *Grand Remplacement*, un morceau tranchant et engagé qui moquait la théorie complotiste de l'essayiste d'extrême droite Renaud Camus. Pour sa Lettre Persane, Younès Boucif signe une chronique du quotidien et s'adresse à 14 h 22, l'heure à laquelle son smartphone sonne invariablement. L'heure de faire le point.

LETTRE XIV

Younès Boucif à 14 h 22,
l'heure à laquelle le temps s'arrête...

Mon téléphone sonne chaque jour à 14 h 22
Ce n'est pas fait exprès
Il s'est cassé, l'écran ne fonctionne plus complètement
Impossible de changer les paramètres de l'alarme
Du coup, chaque jour, il sonne à 14 h 22
Ça fait des mois maintenant que quand il est 14 h 22, je suis au courant
Ça me permet de faire le point
Qu'est-ce que je fais de tous ces 14 h 22 ?
Je laisse habituellement passer mes heures et mes minutes trop facilement chaque jour
Là j'ai un *focus point* sur 14 h 22
Je ne peux la louper cette heure

Eh bien figure-toi cher 14 h 22
Que notre rendez-vous quotidien est *très* moyennement satisfaisant
Nos rencontres sont *plutôt* déprimantes en ce moment
À 14 h 22, souvent, j'ai fini mon sport
Ou bien je suis en plein dedans
Ou pire encore, je tergiverse :

« Est-ce que je ferais pas ce foutu sport ce soir plutôt ? »
Et à part ça
Je n'ai rien fait d'autre de ma journée
Outre me réveiller tard
J'ai au moins le sport, me diras-tu !
En tout cas c'est ce que moi je me dis
Et encore
Tout à l'heure à la barre de traction
Au moment d'attaquer ma cinquième et dernière série
L'alarme a sonné
...
Il était 14 h 22
J'étais là
Tu étais là
Nous étions là toi et moi
Et la barre de traction
Et mes muscles fatigués
Et mon mental défaillant
Nous étions tous là
Et
J'ai failli renoncer à tout
Au sport à ma famille à ma vie
J'ai eu un grand moment de
« Pourquoi est-ce que je fais ça ? »
Ça m'a chopé trente secondes
J'ai senti que c'était une pente dangereuse
Une pensée glissante
Le genre à te foutre en l'air un programme sportif de quatre mois
« Pourquoi ? »
« À quoi bon ? »
Je me suis pas aventuré sur ce chemin périlleux

J'ai fait ma série vite fait et je suis rentré en courant
Brrr
Tu es terrifiant 14 h 22

Grâce à la chute de mon téléphone
Et à toi
Je fais désormais le point
Sur tous ces 14 h 22
Et j'en ai bien besoin

Sais-tu cher 14 h 22
Que j'ai longtemps rêvé de toi
Pas de toi précisément
Tu aurais pu être 14 h 24
Ou 11 h 13
Mais le hasard en a décidé autrement
Mon téléphone, dans sa chute, s'est positionné
14 h 22
Et c'est ainsi de toi que j'ai longtemps rêvé
De toi
De moi
Et de ce que nous allions faire de notre temps ensemble

Petit j'ai écouté Booba
« *Taffer de 9 à 5, pour moi c'est pas la vie* »
J'ai écouté mes parents aussi
Qui m'ont appris à *aimer*
Ils m'ont *dit* de travailler à l'école pour avoir un bon travail
Mais ils m'ont davantage *aimé*
Et comme on transmet bien mieux ce qu'on fait que ce qu'on dit
Alors j'ai davantage appris à *aimer*

Fort de cette double éducation
Je me suis vite dit que je n'avais pas envie de 9 h-17 h
Non 9 h-17 h ne sonnait vraiment pas comme un copain
Avec les embouteillages le matin
Et les embouteillages le soir
Avec le métro bondé à 9 heures
Et le métro bondé 17
Alors que toi « 14 h 22 »
Juste toi et moi
Ça me semblait beaucoup plus prometteur

Je ne voulais pas de 9 h-17 h
Et je ne voulais pas non plus du boss qu'on n'aime pas
Ou qu'on ne connaît pas
Ou peu
Et du travail qu'on n'aime pas
Ou peu
Et du sens à la vie qu'on ne trouve pas
Ou plus
Moi, petit, je voulais d'un 14 h 22 qui ait du sens
Et d'un travail que j'aime
Et dans lequel je m'épanouirais
Plutôt qu'un gros salaire.
C'était d'ailleurs un débat récurrent au sein de mon équipe
« Taffer toute la semaine comme un chien pour huit balles par mois
Ou faire un travail qu'on aime mais pour deux balles ? »
La plupart des loubards avec qui je traînais étaient dans la team une
À mon grand désarroi
...

Dix ans plus tard aucun d'entre nous ne gagne huit balles par mois
Faut croire qu'on était du même avis finalement

Aujourd'hui
J'ai un train de vie « particulier »
« En dehors des clous »
« Loin des sentiers battus »
Je ne me suis pas acoquiné avec 9 h-17 h
Ce dont je suis plutôt fier
Et me voici donc à traîner avec 14 h 22
Je suis un « artiste »
Je fais parfois de la musique
Parfois du cinéma
Parfois j'écris
Parfois je manage
Et souvent je ne fais rien de tout ça
Quand je discute avec 9 h-17 h
Il me croit très occupé
« Tout ça ? Tu fais tellement de choses ! »
Ah si tu savais
C'est toi le vrai courageux
9 h-17 h !
Ça c'est du boulot
Ça c'est du don de soi
Pour ma part
On fout quasiment rien avec 14 h 22
On est paresseux comme tout
Y a souvent que nous deux
Et la barre de traction
Et des pensées glissantes
C'est tout

Alors oui :
Je n'ai pas de boss
Mais là où j'ai toujours cru que « pas de boss » allait signifier « liberté »
Eh bien
J'avais raison
Mais !
Ce que je n'avais pas anticipé
C'est que « liberté » signifierait« responsabilité »
Je suis responsable de ma journée
Je suis responsable de ce putain de 14 h 22
Je me le coltine
Chaque jour
Et il sonne et il sonne
Et il me rappelle qu'il est là
Et qu'on n'a encore rien fait aujourd'hui lui et moi
Il me rappelle
Qu'il n'y a pas de structure
De cadre
Ou de boss méchant
Pour m'imposer un rythme et une activité
Et c'est à la fois grisant
Et terrifiant
Et compliqué
En pratique

Comment me sentir bien avec toi 14 h 22 ?
Comment être productif? Comment me sentir utile ?
Comment être heureux ensemble ?
Pour répondre à ces questions
Je me suis mis à réinventer la semaine et le week-end
Comme un fils de pute

Oui c'est l'expression que je choisis
Comme un fils de pute
C'est-à-dire que ce que j'ai toujours fui
À savoir
9 h-17 h
Et les week-ends
Me semblent aujourd'hui
Être des alliés très précieux
Très astucieux
Que je rêve souvent de rencontrer
Pour m'aider à mener ma vie
En effet il m'arrive parfois
D'avoir des pensées
Du style :
« Hmm, ce serait pas mal de bosser dans la journée du matin à la fin d'après-midi
Me reposer le soir
Et ça plusieurs jours d'affilée
Et puis au bout de peut-être quelques jours
Disons cinq ?
Me reposer un ou deux jours
Pour repartir de plus belle
Hmm oui j'en aurais bien besoin
Ça me serait utile
Pour éviter de me retrouver comme un con
À 14 h 22 »
Fils de pute.
Je viens de réinventer la semaine des trente-cinq heures
Moi qui ai fui !
Moi qui ai méprisé même 9 h-17 h tout ce temps
Le cadre
Le boss

Je les comprends enfin
Et je rêve de construire pareille stabilité de vie avec 14 h 22

Aujourd'hui je réalise
Que je n'ai pas « pas de boss »
En fait, bien sûr que j'en ai un
J'ai un boss mais c'est moi
Et si je suis à chier
Le boss est à chier
Et la semaine est à chier
Et 14 h 22 est à chier
Et je me retrouve
À couper mon alarme de 14 h 22
Sans avoir encore rien fait de ma journée
Outre peut-être un peu de sport

Récemment j'ai réparé mon téléphone
Au moment où tu as sonné de nouveau, j'ai hésité
Faut-il dire au revoir à 14 h 22 ?
...
Je t'ai désactivé
Fini de m'emmerder pendant les tractions
Mais désormais il y aura un avant et un après
Je sais qu'on traine ensemble
Tu me l'a bien rappelé
Tu es là
Je ne t'oublie pas
Et je sais que je suis responsable pour nous deux
Je t'ai choisi
J'assume
Et ensemble on fera pâlir d'envie 9 h-17 h
Promis.

THOMAS COVILLE

On connaît Thomas Coville, le navigateur au palmarès spectaculaire (vainqueur de la Route du Rhum, de la Transat Jacques Vabre et de l'ArMen Race, record du tour du monde à la voile en 2016 et de l'Atlantique Nord en 2017). On connaît son trimaran *Sodebo Ultim 3*, son « *objet volant* » mis à l'eau en 2019. On connaît moins Thomas Coville l'érudit, dont la curiosité intellectuelle et la capacité d'émerveillement inépuisable l'ont poussé à entretenir durant des années une correspondance avec le philosophe Michel Serres, à se lier d'amitié avec le comédien Jacques Gamblin (metteur en scène de leurs échanges épistolaires en 2018 dans *Je parle à un homme qui ne tient pas en place*) et à croiser la route du pianiste Laurent de Wilde, dont il partage l'amour du jazz. C'est justement à ce dernier, auteur notamment du livre *Monk* (Gallimard, 1996) et pionnier de la révolution électronique du jazz dans les années 2000, qu'il a choisi de s'adresser, après avoir partagé avec le musicien la scène lors d'une rencontre organisée à Roscoff (Finistère) dans le cadre de l'édition 2023 du festival Jazz in Rosko.

LETTRE XV

Thomas Coville à Laurent de Wilde
Saint-Brieuc, le 12 juillet 2023

Cher Laurent,

Je n'arrête pas de repenser à notre conversation du printemps dernier, à Roscoff. Ça fait quoi… trois mois déjà ? Dimanche 21 mai 2023, je viens de vérifier. En sortant de l'espace Mathurin-Méheut, tu m'avais demandé : *« Mais finalement, le jazz, ça représente quoi pour toi ? »* Et je n'avais pas su quoi dire.

Le vide.

Le grand blanc, comme un cancre le jour du bac philo. Alors qu'on venait de parler de jazz pendant plus d'une heure, qu'on avait concocté ensemble toute une playlist pour cette rencontre, et que le jazz, c'est la synthèse parfaite de tout ce qui compte vraiment pour moi. J'avais tellement de choses à dire… et pourtant, je n'ai pas su te répondre.

Ça fait trois mois que ta question résonne dans ma tête. Et je crois que je suis enfin prêt. Alors voilà Laurent, le jazz, pour moi, c'est ça…

Le jazz, c'est les autres. Cette musique a transformé ma vie parce qu'elle m'a appris à écouter, donc à mieux participer et savoir donner. Elle est la plus belle incarnation artistique de ce mot un peu moche à entendre - mais tellement essentiel - d'*altérité*. Tu le sais - je t'ai suffisamment saoulé avec ça -, le choc originel, la bascule, en ce qui me concerne, s'est faite avec le Quatuor Annesci. Cette rencontre a changé mon rapport à la navigation. L'expérience sensorielle proposée par ces musiciens est unique : ils t'apprennent à écouter. Littéralement. Autrement. Le jazz suit la même philosophie que la musique de chambre : pas de chef d'orchestre mais un leader qui tourne en fonction du degré d'expertise, du niveau d'émotion, de la place laissée aux musiciens dans un cadre et un temps donnés.

Mon trimaran *Sodebo Ultim 3* n'aurait jamais pu être mis à l'eau si je n'avais pas *adopté* et *adapté* cette approche originale de la création et du leadership. J'ai monté une équipe de huit personnes - deux quatuors, tiens -, avec des ingénieurs spécialisés en aérodynamisme, en structure, des navigants, des mathématiciens... Ils ont joué un rôle majeur dans la conception de cet objet volant de trente-deux mètres par vingt-trois de large qui ne ressemble à aucun autre avec son habitacle à l'avant du mât. Ce bateau est différent parce qu'il n'est pas sorti du cerveau d'un cabinet d'architecture traditionnel. Donc cette aventure, c'était tout l'inverse d'un tour du monde « en solitaire », même si c'était ça le but, la destination finale.

En parlant d'aventure, celle du *Piano Barge*, à Vannes, n'est pas mal non plus. Un bateau hollandais de 1900 remis à neuf pour accueillir des jazzmen pour du live et de l'enregistrement... Tu répètes, tu joues devant quatre-vingts personnes, et dans la foulée, tu enregistres ton nouveau répertoire. Ça aussi, c'est du collaboratif puissance dix! Quand Reggie Washington est venu, c'était fou... Lui, tu sens que c'est un vrai bassiste de jazz, un pilier, une ancre, *au service* du groupe mais qui s'épanouit dans ce rôle. Reggie, il donne tellement... mais jamais de façon servile. C'est quoi l'expression des jazzmen américains que tu m'avais apprise à propos des grands bassistes ? Ah oui : *nothing rocks his boat*. Reggie, c'est exactement ça : rien ne peut le faire chavirer. Je pourrais partir au bout du monde avec lui...

Le jazz, c'est l'universel. C'est terrible qu'il soit perçu comme une musique élitiste, un truc d'initiés. Alors que c'est tout l'inverse : il n'y a pas plus intime, plus humain, plus absolu. Prends Chet Baker : d'un côté, il a cette image d'antihéros ultime, c'est le stéréotype du jazzman toxicomane ; de l'autre, il parvient à transformer son autodestruction pour proposer une musique pure, quelque chose de très délicat, de merveilleusement humain. Quand j'écoute *Sad Walk*, c'est ça qui ressort. Et puis il avait un côté stakhanoviste, il jouait de la trompette du matin au soir, il retournait sans cesse à son instrument. Ça aussi, c'est une forme d'autodestruction, mais qui m'inspire, celle-là. C'est un peu la même chose quand je retourne en mer, ou quand je pars faire le tour du monde en bateau sans savoir si je vais revenir un jour... Il me donne toujours envie d'y retourner. Même lorsqu'il touche le fond, Chet Baker finit par reprendre sa trompette. Son côté Sisyphe me touche, il y a une forme d'absolu dans sa quête. Il a vraiment joué jusqu'à son dernier souffle. D'ailleurs, c'est peut-être ça qui me fait peur : ce jour où mon corps me lâchera et où je ne pourrai plus naviguer. Même au bout du bout, lui, il a pu souffler dans son instrument. Même dans tes derniers jours, Laurent, tu pourras caresser les touches de ton piano – avec de la Patafix s'il le faut ! Tandis que moi, un jour, je ne pourrai plus aller en mer. Le jazz me permet sûrement de contourner cette pensée.

Pour l'instant, j'y retourne. Tant que je peux. Pourtant, partir, quel drôle de truc... C'est comme un verre qui se remplit. Le processus commence des mois avant la date fatidique, et plus on s'en rapproche, plus les rencontres sont intenses, les regards appuyés. On sent que l'eau monte dans le verre, qu'on devient l'épicentre du mouvement. Et à la fin, tous ceux qui comptent vraiment te confient leur émotion : les amis, les sponsors, la femme de ta vie, tes enfants... Tu es dans une bulle et tu « bois » tout ça. Et puis tu pars, tu dois vivre avec, et quand tu rentres, ils veulent à leur tour de l'émotion, mais tu ne sais pas quoi leur donner... Toi tu l'as bue et tu l'as pissée depuis longtemps. Tu ne sais pas quoi faire, tu angoisses, tu as peur de ne pas être à la hauteur de tout ce qu'ils t'ont confié.

Le jazz, c'est l'harmonie. Ou plutôt c'est la recherche de l'équilibre parfait qui permet d'atteindre l'harmonie.

Comme la musique de chambre de Béla Bartók ou de Pierre Boulez, deux compositeurs qui m'obsèdent aussi. J'adore disséquer le jazz, chercher le mouvement dans l'harmonie, essayer par exemple de distinguer les différents sons que le batteur produit avec ses quatre membres... La batterie, c'est vivant, quoi, c'est l'organe du jazz.

Sur le bateau, c'est l'équilibre que je recherche plutôt que l'harmonie. Mon trimaran, c'est comme un trépied qui tient grâce à l'émotion, la sensation et l'action. La première, bonne ou mauvaise, crée la deuxième, qui à son tour déclenche la troisième. Pour trouver l'équilibre, il faut toujours être à l'écoute, donc pas de musique à bord à part celle de mon trimaran. C'est comme si j'étais dans la caisse de résonance d'un violoncelle, au milieu des ondes, des fréquences. Je dois percevoir sa musicalité, entendre ses clics parce que chacune d'elles a une signification et joue un rôle à la fois dans la performance et dans l'émotion que je vais ressentir.

Quand ça marche, quand la surface dans l'eau s'équilibre avec celle dans l'air, mais aussi avec les données du compteur, avec la mer et ses couleurs, tout devient stable. Et alors seulement je retrouve les sensations de mon enfance, celles de ce jour où j'ai découvert que sur un bateau, personne ne te juge, personne ne te regarde : tu es seul avec la nature dans son essence. En équilibre parfait. Quand je retrouve ça, alors parfois, je m'autorise à lire de la poésie ou à en réciter à voix haute. Et là, quand je rattache ce que je ressens à la musicalité d'un texte, en équilibre sur mon bateau volant, je touche le Graal.

Voilà, Laurent, ce que le jazz représente pour moi. J'espère ne pas t'avoir trop ennuyé avec mes considérations musico-sportives et te revoir bientôt, peut-être à bord du *Sodebo*...

Ton ami, Thomas

RAPHAËL DALLAPORTA

Raphaël Dallaporta parle peu, mais il dialogue beaucoup. Avec des démineurs, des juristes, des médecins légistes, des archéologues et des astronomes, il crée des œuvres pour rendre sensible l'inaccessible. Exposées aux Rencontres d'Arles, au musée Photo Élysée à Lausanne et à la Maison européenne de la photographie, ses créations mêlent science, technique et poésie. Lauréat en 2019 du prestigieux prix Niépce Gens d'images, l'artiste *« photo - graphie »*, un procédé d'écriture par la lumière qui l'a mené de la grotte Chauvet à la Villa Médicis (où il fut pensionnaire), de l'Afghanistan aux rues encombrées de Paris. Cette compréhension organique de son art le pousse à en tester les limites dans un élan d'hybridation politique et symbolique. Pour son projet de Lettre Persane, il s'est demandé avec qui il pourrait collaborer, et puis, en passant devant une boîte aux lettres jaune désaffectée de La Poste, dans le Marais, il s'est dit que c'était avec vous, lecteur, qu'il souhaitait cocréer. Alors, pour lire sa carte postale, il va vous falloir l'écrire…

LETTRE XVI

Raphaël Dallaporta à vous, lecteur
Beaubourg, Paris, le 10 juin 2023

Cher lecteur,

Ceci n'est pas une lettre, enfin pas encore. Comme on le dit des images, c'est une lettre latente, et son existence dépend de vous. À la toute dernière page, vous trouverez une carte postale détachable, elle est destinée à quitter ce livre. Pour ce faire, prenez un stylo à plume ou à bille (je vous laisse le choix des armes), écrivez l'adresse de votre destinataire dans la colonne de droite au recto de la photo, et adressez-lui vos sentiments en quelques mots dans l'espace prévu à cet effet. Une fois la carte complétée, munissez-vous d'un timbre, collez-le en haut à droite et trouvez une boîte aux lettres. C'est là que les ennuis commencent... Parce que ces petits bulbes d'aluminium fabriqués depuis 1949 par la fonderie nantaise Dejoie sont en voie d'extinction. Huit cents seulement ont pour le moment échappé à l'adhésif logoté qui les désaffecte (sept cents ont été obstrués et/ou supprimés en dix ans).

La Poste les juge « vétustes » et propose à la place sa messagerie intelligente : l'e-lettre. J'aime bien ce mot, *intelligente.* Je le trouve plus transparent en anglais : outre-Manche, l'intelligence désigne à la fois la perspicacité et les services de renseignements. Nos boîtes aux lettres numériques intelligentes sont surtout des boîtes très bien renseignées qui dissèquent nos courriers en vantant la parade du chiffrement. Sauf que rien n'est plus imparable qu'une carte postale : on ne sait pas qui l'envoie et son contenu n'est stocké dans aucun data center. Au pire, le facteur y jette un œil, et si l'idée vous gêne, vous pouvez toujours la glisser dans une enveloppe. La carte n'appartient qu'à vous et votre destinataire, et c'est ce qui lui confère tout son charme...

Depuis ma formation à l'école des Gobelins – en l'an 2000, année de toutes les promesses –, je m'interroge sur la notion de progrès, sur cette représentation fantasmée d'une flèche rectiligne qui tendrait invariablement vers le mieux. La disparition des boîtes jaunes plantées dans le bitume nous rapproche encore un peu plus des *smart cities*, concept de développement urbain qui promet d'améliorer la vie des citadins en imposant tout un écosystème de nouvelles technologies. Un pas de plus vers le Nouveau Monde... Quand j'ai croisé cette boîte aux lettres ligotée, je me suis demandé si nous ne rentrions pas dans l'une de ces boucles rétroactives de la marche du progrès, celles qui détruisent ce que nous devrions protéger. Comprenez-moi bien, la mécanique moderne offre des possibilités fabuleuses, je suis émerveillé par la précision des caméras, des appareils photo, des logiciels que produit notre époque. Pourtant, quelque chose en moi résiste lorsque je pense aux révolutions qui bouleversent nos communications, notre manière d'échanger, d'être au monde et de transmettre nos émotions. Pour envoyer une lettre, on ne peut pas faire l'économie du geste. Je reste sensiblement attaché à la gaine de vie immatérielle qui témoigne si bien de notre fragilité. C'est une démarche qui s'incarne, qui passe par le corps, et c'est ce corps qui lui donne un supplément d'âme.

J'ai pris cette photo il y a quelques mois déjà. Je me promenais dans le Marais pour un repérage avec la photographe Esther Hovers quand je suis tombé nez à nez avec cette boîte jaune. J'ai souri en pensant aux heures passées par les agents de La Poste à les nettoyer pour effacer les graffs que les artistes de rue taguaient au gré de leur inspiration (à commencer par les centaines de smileys clandestins de l'artiste André). Aujourd'hui, c'est l'entreprise elle-même qui les vandalise. Les temps changent... Il est l'heure de vous laisser réfléchir au souvenir que vous aimeriez transmettre : la lettre que vous n'enverrez jamais, celle que vous avez oublié d'envoyer ou celle encore que vous aimeriez recevoir. Mon travail s'arrête là où commence le vôtre.

Fraternellement,
Raphaël

Raphaël Dallaporta

Rendez-vous à la toute dernière page de ce livre pour rédiger votre carte postale.

MERCEDES ERRA

En 1960, alors que la minijupe s'apprête à révolutionner la mode et les Beatles, la pop culture, Mercedes Erra émigre en France. À six ans, la Catalane ne parle pas un mot de français. Soixante ans plus tard, elle est cofondatrice et présidente du groupe BETC, l'une des agences de publicité les plus influentes d'Europe. Reconnue pour sa vision stratégique et ses slogans (les bébés Evian, c'est elle, *« Venez comme vous êtes »* de McDonald's aussi), Mercedes Erra s'engage depuis des années en faveur des femmes, de la jeunesse et des droits humains. Membre fondatrice du Women's Forum for the Economy and Society, elle est mobilisée sur de nombreux sujets, du collectif SISTA à ONU Femmes France ou Women in Games. Elle préside le conseil d'administration du musée national de l'Histoire de l'immigration, copréside le comité France de Human Rights Watch et soutient Reporters sans frontières depuis dix ans. Des engagements qui éclairent sa Lettre Persane, la lettre fictive d'une jeune Iranienne exilée à Paris pour fuir les révoltes de l'automne 2022, réponse vibrante au meurtre de l'étudiante Mahsa Amini par la police des mœurs.

LETTRE XVII

Yalda à Shakila
Paris, le 12 juillet 2023

Ma chère Shakila,

« *Paris.* » Quand j'étais petite, ma grand-mère avait un flacon de parfum sur lequel « *Paris* » était inscrit en lettres dorées. L'architecture de ces cinq lettres, l'or, la sophistication de l'objet me fascinaient. Je n'imaginais pas que cette Ville Lumière serait un jour celle de ma renaissance.

Jamais je n'ai ressenti plus vivement le sens de mon prénom que depuis cet exil. *Yalda*, « naissance », *Shab-e Yalda*, nuit du solstice d'hiver, nuit de bascule, après laquelle la lumière revient peu à peu. C'est cela, un exil : la nuit du désespoir avant le retour, d'abord timide puis plus franc, de la lumière. Figure-toi qu'ici la plupart des prénoms n'ont pas de sens. Chez nous, ils portent tous une idée, et qu'on le veuille ou non, cette idée nous façonne toute notre vie.

Je n'ai pas envie de te parler du départ. Et tu sais déjà, ma mère t'a raconté. Cette épreuve qu'on s'inflige, ce déchirement sont inscrits en moi en lettres de sang qui jamais ne cicatriseront. Les derniers temps à Téhéran, pendant que je préparais mon exil, je me suis isolée, j'avais besoin de me concentrer sur ma décision, de la sentir irrévocable. Pardonne-moi s'il t'a semblé que je t'évitais. Je ne voulais plus laisser d'espace à l'hésitation. Je ne me suis résolue à fuir, tu le sais bien, qu'après avoir réalisé combien l'étau se resserrait autour de moi, de mes activités musicales, illicites. Que faire dans un pays où il est interdit de chanter et de danser, lorsqu'il te semble depuis toujours n'avoir désiré qu'une chose : chanter et danser ? Je suis partie à temps, avec mes partitions, mes compositions, tous mes fichiers, avant que la police ne mette à exécution ses menaces sur moi et ma famille. Le passeur, le voyage, je m'en suis bien tirée, même si je n'en suis pas fière, mais vivre muselée, en abandonnant tout ce pour quoi je suis faite, était au-dessus de mes forces. Je sais que tu m'en veux de cette désertion, que tu penses que rien n'adviendra si les voix dissidentes choisissent toutes l'exil, et que c'est là-bas, à Téhéran, qu'il faut lutter, pied à pied, pour reconquérir ce qui a été confisqué. Mais voilà, le temps presse, et ce n'est pas dans dix ans que je veux monter sur scène, c'est maintenant. Et puis, je me suis trop exposée avec la vidéo de l'été 2022 sur Instagram, ils étaient vraiment à mes trousses et je n'aurais pas supporté la prison, ni à Evin, ni à Garchak, ni ailleurs.

Paris, donc. Dix mois que je suis là. C'est d'abord le choc de la rue. Ici, elle appartient à tout le monde. On peut être soi-même dans la rue, on n'est pas obligé de réfléchir à ce qu'on va porter, aux gestes qu'on va faire, aux interdictions qu'on doit respecter. On ne revêt pas le masque de la vie publique. Je ne parle pas seulement du voile, je parle aussi de cette façade lisse, neutre et impénétrable qu'à Téhéran et partout en ville on arbore comme un bouclier et qui dit que nous sommes dans le rang, conformes, disposés à obéir. Ici, garçon ou fille, on sort, en tee-shirt, en jean, en cheveux. Il y a même une enseigne de fast-food dont le slogan est : *« Venez comme vous êtes. »* Ici, dans l'espace public, on peut être qui on est. Je désapprends peu à peu tous mes réflexes dictés par la peur. Cette liberté des gens dans la rue, je passerais des heures à la regarder tellement c'est beau. Les groupes de garçons et de filles mêlés aux terrasses des cafés. Des gamins de quinze ans qui s'embrassent en public. J'ai repensé à la terreur et à l'humiliation quand la police des mœurs nous a arrêtés, Jasper et moi, en flagrant délit de flirt derrière un buisson dans le jardin des Roses, au Golestan. Les coups qui pleuvaient, sur les doigts, les mains, les insultes, alors que nos lèvres ne s'étaient même pas touchées.

Au fait, tu te souviens de *Sherlock Holmes*, le film qu'on avait vu au cinéma ? La semaine dernière, je l'ai revu chez Milad en DVD. Eh bien, figure-toi que les scènes d'amour, les baisers, avaient tous été coupés au montage dans la version diffusée en Iran… C'était comme si je découvrais un autre film, dans lequel on aurait réinjecté l'émotion, la sensualité.

À Téhéran, tu me grondais parce que je faisais partie de celles qui tenaient à sortir tête nue, à mes risques et périls. Je comprends mieux maintenant ton choix de ne pas t'exposer, de te fondre dans la masse, de préserver cet anonymat qui est essentiel à ton action. La clandestinité de la lanceuse d'alerte : faire profil bas, protéger ton pseudo, pour mieux lutter de l'intérieur, hacker les systèmes informatiques, noyauter les administrations, attaquer sur le terrain juridique, soutenir les collectifs militants, rallier les avocats courageux chez nous et dans la diaspora à l'étranger. Ne jamais brader l'avenir pour une imprudence. Je n'avais sans doute pas pris la mesure de ton combat. Je connais ta ténacité, mais sois plus prudente que jamais. D'ici, où toutes les ONG de défense des droits humains sont actives, j'espère pouvoir te mettre en contact avec des personnalités influentes à Genève, à La Haye, à New York...

J'évoquais plus haut le voile... À ce sujet, il m'est arrivé une drôle d'histoire. L'autre jour, nous sommes allés avec Milad et sa femme chez des amis à eux, un couple de Syriens qui vit à Bobigny, pas loin de Paris, et je n'avais bien sûr pas pris de voile. Dans le quartier, toutes les femmes étaient voilées, même les très jeunes ! Au pied des immeubles, il y avait de grands ados, des Français, des musulmans, et j'ai vu se poser sur moi des regards de désapprobation, j'ai entendu fuser des insultes. Je leur ai parlé en arabe, celui que j'ai appris, mais ils ne le comprenaient pas. Ce mépris, cette autorité, cette volonté de soumettre les femmes, je les reconnais. J'étais la première surprise de les retrouver ici. J'avais envie de leur dire : *« Non, pas ça, vous savez bien comment ça se termine, quand la radicalité religieuse entend régir la cité.* » Rien ne me semble plus sage que la séparation de la religion et de l'État, qui reste ici le principe de base de la société. Je goûte avec soulagement les bénéfices d'un autre paysage politique, même si ce n'est pas si facile de se dégager de l'obéissance et de la dissimulation. Quand vous les avez intégrées, elles vous collent à la peau.

Les Français, eux, n'ont aucune propension à l'obéissance. C'est très drôle d'ailleurs. D'où cela leur vient-il ? Peut-être de ce siècle des « Lumières » qui a tout remis en cause, de cet esprit critique qui a précédé leur Révolution et se défie de l'autorité. Ils aiment tellement la rue qu'ils y descendent pour manifester à la moindre occasion. Ils critiquent tout : leur président, leur Première ministre, leur gouvernement, leur opposition, ils n'en ont jamais fini. Journaux et télévision passent leur temps à alimenter ça. Tout le monde a voix au chapitre, des plus extrémistes aux plus modérés.

Les Français aiment se mobiliser pour défendre les avantages acquis. Cela part souvent d'une bonne intention, mais il en résulte une complainte incessante, qui traverse à bas bruit toute la société. Bref, leur fameux côté râleur et enfant gâté est tout sauf une légende. Bon courage à celui ou celle qui tenterait de changer quelque chose !

Le revers de cela, c'est qu'ils n'ont pas le dixième de notre résilience. Sais-tu qu'ils appellent leur président Jupiter ? Il y a si longtemps qu'ils n'ont pas été sous le joug d'une tyrannie qu'ils ne se rendent plus compte de cette chance qu'est la démocratie. D'où ma perplexité pour leur « Rassemblement National », son culte de l'ordre et sa xénophobie, comme si bouter les étrangers hors de France allait résoudre tous leurs problèmes. Un bon tiers des citoyens français semble séduit par ce parti et prompt à désigner le coupable de tous les maux de la société : l'étranger, l'immigré, le migrant, rescapé du naufrage et qui campe sur un talus insalubre aux abords du boulevard périphérique. Pourtant, nombre de leurs artistes et personnalités sont d'origine étrangère. Quelle chance cela a été pour la France que le monde entier ait trouvé là, si longtemps, une terre d'asile ! Mais les Français ne le réalisent pas et ferment leurs portes. Leur hospitalité, Shakila, fait pâle figure à côté de la nôtre, de notre amour du voyageur, de l'étranger, de notre curiosité pour ses mœurs, ses valeurs, sa culture. Les Persans sont des hôtes magnanimes. Voilà bien quelque chose que la France, et plus largement l'Occident, peut nous envier.

Mais passons sur ces premières impressions, peut-être caricaturales, sans doute partielles. Ici, être une Iranienne, c'est être une héroïne. Quelques semaines après mon arrivée, j'ai rencontré la photographe Hannah Darabi, qui vit ici. Elle est revenue de Los Angeles avec une série superbe (*Soleil of Persian Square*) sur Tehrangeles, ce quartier de L.A. où ont élu domicile les exilés iraniens. Partout, elle ressent cette fierté d'être une femme iranienne. Puisse-t-elle se consolider en toi, chaque jour où tu te bats, Shakila.

Il faut que je te raconte ce qui m'arrive : ici, je chante enfin. Je vais pouvoir faire de ma passion mon métier. Plus besoin de chanter en cachette, portes cadenassées. Ici, ma voix est cet oiseau insouciant dont la cage est ouverte. Ici, les femmes ont le droit de monter sur scène et elles ne s'en privent pas. Chez nous, cette liberté révèlerait tant de talents, ce serait une vague immense. Ici, malgré le socle de droits que les femmes ont obtenu, figure-toi qu'elles ne sont pas traitées comme les hommes, ni en salaire ni dans les directions des entreprises, et pas davantage dans les sciences et la tech. Toutes sortes de comptages des femmes dans les différentes activités tentent d'alimenter le mouvement vers l'égalité. Si même en France, la tâche est difficile, j'ose à peine imaginer ce qu'il en sera chez nous lorsque le couvercle sautera.

Donc, je chante à découvert. Je chante Hâfez, bien sûr, mais également la poésie de Houchang Ebtehadj et de Simine Behbahani. Je chante dans un restaurant iranien du cinquième et dans un autre du quinzième arrondissement, deux soirs par semaine. Je finis toujours par *Barayé*, l'hymne de notre combat qui circule ici aussi. Et je fais participer tout le monde, tous les clients du restaurant, tu verrais ça... La semaine prochaine, je passe une audition pour enseigner au Centre des musiciens du monde. Et je vais enfin pouvoir explorer mon répertoire pop rock : en passant m'inscrire au centre, j'ai rencontré un bassiste, Azzam, et je vais faire un essai avec son groupe. Si cela marche entre nous, on fera des vidéos TikTok avant de passer aux enregistrements studio. Pour l'instant, tout semble facile...

Tu vois, je me remets à rêver, Shakila, et c'est peut-être cela le plus important. C'est aussi cela que je ne leur pardonne pas : avoir brisé nos rêves. Alors, si je peux t'envoyer quelque chose d'ici, c'est la certitude que nos destins ne sont pas écrits d'avance, qu'il y a une place pour tout ce que tu avais imaginé. Il faut rêver à nouveau, Shakila. Puisse cette pensée voyager jusqu'à toi et te donner le courage de résister encore.

Mille baisers. Donne-moi surtout des nouvelles.

Yalda

MICHAËL FŒSSEL

« Être le peuple des Lumières nous pousse à être aussi celui de la nuit. » La formule est à la fois belle, lourde de sens et riche en promesses. On la doit à Michaël Fœssel, interrogé par *Usbek & Rica* à l'occasion de la publication de son livre *La nuit : vivre sans témoin* (éditions Autrement, 2017). Cette phrase apparaît comme un condensé des obsessions du philosophe, dont les champs de recherche (surveillance, cosmopolitisme, expérience démocratique) interrogent tous, en creux, la notion de liberté. Au fil de ses chroniques dans *Libération*, de son investissement éditorial auprès de la revue *Esprit* et surtout de la publication de plusieurs essais remarqués (*Le temps de la consolation*, Seuil, 2015 ; *Récidive : 1938*, PUF, 2019 ; *Quartier rouge : le plaisir et la gauche*, PUF, 2022), Michaël Fœssel a contribué ces dernières années à renouveler la matrice intellectuelle de la gauche. Sa Lettre Persane est adressée à l'écrivain autrichien Stefan Zweig, qui, en 1942, au bout de huit ans d'exil et en pleine Seconde Guerre mondiale, prit soin d'envoyer le manuscrit de son autobiographie, *Le Monde d'hier : souvenirs d'un Européen*, avant de se donner la mort.

LETTRE XVIII

Michaël Fœssel à Stefan Zweig
Paris, le 5 août 2023

Cher Stefan Zweig,

Savez-vous que le dernier livre que vous avez écrit éclaire notre présent ? Vous l'avez intitulé *Le Monde d'hier*, et nous aussi, en 2023, faisons référence à l'« ancien monde » ou au « monde d'avant », comme si nous avions abandonné nos rêves à un temps révolu. D'ordinaire, on se souvient du monde d'hier quand on a vécu assez vieux pour voir le quotidien des hommes se transformer du tout au tout. Et l'on regrette le passé quand cette transformation est perçue comme contraire au progrès. Aujourd'hui, on se retrouve précisément dans la situation où vous vous trouviez au moment d'écrire votre dernier livre. Et c'est de cette nostalgie-là que je voudrais vous entretenir dans cette lettre.

Le livre en question date de 1942, et pour vous, le « monde d'hier » correspond à l'Europe d'avant la Première Guerre mondiale. En utilisant cette formule, vous songiez à l'Europe, ou plutôt à ce résumé d'Europe qu'était l'Empire austro-hongrois, avec ses mille langues et ses multiples nationalités coexistant en harmonie – du moins en apparence. C'était un monde, dites-vous, où les droits des individus étaient garantis par un État stable, où régnait une économie prospère et où la croyance dans la *« route rectiligne du Progrès »* était communément partagée.

Vous l'ignorez sans doute, mais ce monde ressemble à notre « monde d'hier » à nous, citoyens de la troisième décennie du XXIe siècle. Le nôtre a émergé en 1989. Le mur de Berlin, qui séparait le Vieux Continent en deux camps, venait de tomber. On parlait alors d'un « nouvel ordre international » fondé sur la paix et la justice, on promettait à la démocratie un avenir de mille ans, le marché devait nous rendre libres et prospères pour toujours. Et comme à votre époque, *« personne ne croyait à des guerres, à des révolutions ou à des bouleversements »*.

Pour nous non plus, rien n'a marché comme prévu. Nous avons assisté à quelques « révolutions », surtout dans les pays arabes, mais elles ont toutes échoué. Des « bouleversements », en revanche, il y en eut d'innombrables, liés à la montée en puissance d'un capitalisme technologique qui a produit des accélérations inouïes et transformé nos existences. Depuis 1989, des guerres ont éclaté sur le sol européen, d'abord dans les Balkans puis, tout récemment, en Ukraine. Vous aurez noté qu'il s'agit des mêmes régions où, en 1914, « votre » monde d'hier a commencé à se défaire.

Je ne vais pas vous faire la chronique des nouveautés de notre temps : ce serait trop fastidieux et, je le crains, assez déprimant. Je préfère vous expliquer pourquoi je pense si souvent à votre livre, comme si c'était du passé qu'il fallait attendre une leçon sur l'avenir. Vous décrivez votre monde d'hier comme *« l'âge d'or de la sécurité »*. Les frontières existaient avant 1914, les États y veillaient déjà jalousement, mais vous racontez comment un voyageur européen les traversait sans aucun papier d'identité, parfois même sans s'en apercevoir. Les gouvernements se méfiaient déjà des autres États, pas encore de leurs citoyens. Cette insouciance, quand chacun se sent en sûreté, ressemble un peu à nos espérances d'après 1989. On nous promettait alors une « mondialisation heureuse », la fin des murs qui séparent les peuples et, avec la disparition des blocs, celle des contrôles et de la surveillance.

L'âge d'or de la sécurité, vous l'avez vu se déliter : *« Maintenant que le grand orage l'a depuis longtemps fracassé,* écrivez-vous, *nous savons de science certaine que ce monde de la sécurité n'était qu'un château de nuées. »* Au moment où vous écrivez votre nostalgie, deux guerres mondiales ont eu raison de la confiance que l'on pouvait accorder à la stabilité du monde et de ses frontières. Quant à la bienveillance des États, elle n'est plus qu'un lointain souvenir pour vous, exilé au Brésil afin d'échapper aux persécutions nazies.

Nous aurions dû, nous aussi, nous méfier des espérances de l'après 1989. La formule *« âge d'or de la sécurité »* nomme assez bien notre présent, mais à condition de préciser que cette notion a changé de sens. Pour vous, la sécurité, c'était l'insouciance d'habiter le monde de manière paisible et dans un relatif anonymat. Pour nous, elle désigne des systèmes de renseignement de plus en plus performants, des agences privées chargées de la surveillance des individus et des appareils de reconnaissance électronique auxquels nous avons affaire plusieurs fois par jour.

Vous avez été scandalisé la première fois que vous avez dû présenter un passeport pour visiter un pays étranger. J'aime relire votre livre pour me souvenir de cette exaspération, car nous avons oublié de nous scandaliser. Vous seriez stupéfait du nombre d'informations que nous devons produire aujourd'hui pour nous déplacer, parfois seulement à quelques mètres de chez nous. Nom, date de naissance, nationalité, mais aussi empreintes digitales et biométriques, codes secrets en pagaille, timbre de voix, traits du visage : nos caractéristiques les plus intimes sont devenues des sésames qui confèrent un droit d'entrée – ou bien, au contraire, des sentences qui condamnent à rester sur le seuil.

Je m'amuse parfois à vous imaginer en train de vous soumettre à de tels impératifs : vous auriez crié au fou. Vos livres ne contiennent guère d'informations sur vous-même (ou sur vos personnages), mais présentent des silhouettes sans fixer de caractères. Pourtant, vous avez pressenti ce qui allait arriver : sur les ruines de l'âge d'or de la sécurité s'édifie l'âge sécuritaire. Le sécuritaire provient d'une peur – encore un de vos thèmes de prédilection – si grande que n'importe quel moyen de s'y soustraire devient dès lors acceptable.

Nous avons, c'est vrai, quelques bonnes raisons d'avoir peur. Les crises économiques de notre temps ressemblent beaucoup à celles que votre génération a subies à la suite du krach de 1929. Le terrorisme, en revanche, a pris des dimensions que votre époque ignorait. Mais surtout, le sentiment de stabilité du monde, sur lequel vous fondiez vos espérances d'avant-guerre, nous a définitivement abandonnés. Le réchauffement climatique menace de rendre la Terre inhabitable. Nous vivons dans une atmosphère d'apocalypse que même votre pessimisme légendaire n'aurait pu imaginer. Notre nostalgie pour le monde d'hier est d'autant plus grande qu'il n'est plus du tout sûr que demain, un monde existera encore.

Je reconnais que mes nouvelles du XXIe siècle ne sont pas joyeuses. Je me console en me disant que j'écris à un mort qui a choisi de se donner la mort. Avant de vous attrister, il y a de la marge, et je ne vous apprendrai rien en vous annonçant que le monde d'hier ne reviendra pas. Peut-être, et cela aussi vous le saviez, n'a-t-il jamais existé : la rengaine du « c'était mieux avant » a ses limites. Souvent, cette plainte est celle de privilégiés qui ne voient pas ceux – et surtout celles – qui étaient exclus du monde d'hier.

Il existe pourtant une nostalgie précieuse parce qu'elle nous renseigne sur l'avenir. Dans votre dernier livre, elle s'appelle « *Paris* ». Pour vous aussi, cette ville était une fête. Il y régnait une liberté comparable à celle de l'Empire autrichien, mais distribuée de manière beaucoup plus égalitaire. Paris fut votre plus bel exil parce qu'il était plein de joies anticonformistes où les classes sociales et les genres se côtoyaient de manière à peu près égalitaire.

Le Paris d'aujourd'hui, je le crains, ne ressemble pas beaucoup à celui que vous avez connu. Il arrive cependant que l'on y vive des expériences où la sécurité n'est pas ensevelie sous le sécuritaire. Il y a des fêtes sans vigiles, des promenades sans caméras de vidéosurveillance (oui, dans notre monde, des objets surveillent les faits et gestes des passants), des rassemblements sans contrôles d'identité, des plaisirs sans juges. Les bons jours ou les belles nuits, on y retrouve des ambiances de brasserie ou de club où les hiérarchies sociales ne décident pas de tout. On pense alors au Paris d'hier, mais cette nostalgie-là vaut pour l'avenir. Peu importe, finalement, que cette sécurité heureuse ressemble au monde d'hier : nous savons avec certitude qu'elle correspond à ce que nous voulons pour demain.

Je l'ai appris en vous lisant : la seule nostalgie qui vaille est celle qui trace un chemin d'avenir. Pour cela, je vous envoie toute ma reconnaissance.

Michaël Fœssel

CAMILLE AUMONT CARNEL

« Mon compte ne devrait pas exister », aime répéter Camille Aumont Carnel pour souligner les lacunes de tant d'hommes – et de femmes – en matière d'éducation sexuelle. Et pourtant, non seulement son compte Instagram « Je m'en bats le clito existe », mais il est suivi, cinq ans après sa création, par plus de six cent soixante-quatorze mille abonnés. Pas mal pour une militante féministe de vingt-six ans qui n'est *« ni gynécologue, ni sexologue, ni sage-femme »*, mais restauratrice, et qui a choisi en 2018 d'investir les réseaux sociaux pour parler publiquement de sexe, de plaisir et d'amour. À travers ses publications, souvent drôles et jamais culpabilisantes, Camille Aumont Carnel brise les tabous et alimente le mouvement de libération de la parole sur les sujets intimes qui a suivi l'affaire #MeToo. Une mission qui passe aussi par les librairies, où l'on peut retrouver ses livres *Je m'en bats le clito !* (Kiwi, 2019), *#ADOSEXO* (Albin Michel, 2022) et *Les mots du Q* (Le Robert, 2023). Elle adresse sa Lettre Persane à son cœur lorsque ce dernier bat dans son sexe. Une ode à ce battement éphémère, vital et jouissif.

LETTRE XIX

Camille Aumont Carnel
à son cœur qui bat dans son sexe
Paris, le 15 août 2023

Cher cœur qui bat dans mon sexe,

Nous ne te connaissons pas mais te reconnaissons. Que ce soit par surprise, avec stupeur ou bien par calcul stratégique, tu as traversé notre vie et notre corps à un moment donné.

À l'heure où la science paraît avoir braqué ses microscopes sur *« l'intestin, notre deuxième cerveau »*, il me semble important de t'accorder la place tout aussi importante que tu mérites en écho : *« mon sexe, ce deuxième cœur »*. J'aime sentir que tu bats aussi en bas. C'est réconfortant, comme un cri de vie, un élan de vitalité, le soupçon d'un chuchotement qui s'exclamerait : *« N'oublie pas de respirer ici aussi ! »*

Je me souviens de la première fois où je t'ai rencontré, par hasard, sans même savoir que tu existais. Lors d'un rendez-vous, plongée dans les yeux verts de cet homme, les jambes croisées, à échanger des vannes, des perches, des regards dignes des flirts les plus sensuels, et ce, depuis plus de six heures, je sens qu'entre mes jambes ça fait « boomboom », « boomboom », « boomboom », « boomboom »... Je visualise dans un premier temps une vessie pleine que je m'empresse d'aller vider. Je me rassois mais tu es encore là. Plus j'observe ses mains, ses avant-bras, son cou, et plus tu bats fort. Et soudain, la cristallisation : je suis excitée, j'ai envie de lui. Bordel, que j'aime rencontrer la poésie qui se loge entre mes cuisses ! Mouiller ne serait donc pas la seule matérialisation de mon excitation ? Non, j'ai un cœur logé dans l'hémisphère sud qui bat à pulsations variables lorsque je désire.

C'est là que se nichent ton lyrisme, ta verve. Impalpable tu es, indomptable aussi. Ce qui me laisse bouche bée, c'est que ta réalité ne se matérialise jamais, tu laisses la place entière à la sensation. Tu es mon cœur sans ego, sans apparence, sans cage. En écrivant ces mots, je te vois me jeter ton *side-eye* et me chuchoter : « *J'ai essayé de te le dire, Camille : moins dans la tête et plus dans le cœur et les tripes. Mais tu n'avais pas l'air de m'entendre, alors je me suis délocalisé à un endroit où tu comprendrais...* »

Ce que j'aime avec toi, c'est que personne d'autre ne peut te sentir battre, comme c'est le cas sur ma poitrine : en bas, ça ne se joue qu'entre toi et moi. Ou plutôt entre moi et moi. Ta manifestation, notre communication, ne s'établit que via ce signal si particulier.

Tu sais quoi ? J'en chiale en t'écrivant parce que, grâce à toi, je viens enfin de comprendre le sens de l'expression « Haut les cœurs ! ». Ça m'a toujours étonnée que le mot *cœur* y soit écrit au pluriel, comme si j'avais besoin de plusieurs cœurs pour faire preuve de bravoure et de courage. En fait, c'est simplement que tu comptes également dans cette invitation à me lancer avec ardeur et fougue. C'est aussi avec le feu et les battements que je ressens là-bas, en bas, que je crée, crie, ris et m'indigne.

J'aimerais te proposer un terme pour te qualifier. Ou plutôt une pluralité de propositions, histoire qu'on puisse toutes s'accorder sur ce vécu commun. Car qu'est-ce qui est tabou quand on vit toutes la même chose, finalement ? Les mots n'existent que parce que les sensations et les actes les précèdent. Mais quelle importance donner aux *mots* quand les *maux* sont criants, déchirants, gerbants ? Quand je n'ai pas les mots, cela ne signifie-t-il pas qu'il faut sentir, ressentir et traverser, au lieu de vouloir à tout prix décrire ?

Concentrez-vous, merde ! Les mots ne sont-ils pas justement une bonne façon d'apaiser, de soigner, de mettre du baume au cœur ? D'ailleurs, différents termes peuvent être déclinés, de manière ludique et toujours joyeuse, en fonction de la situation. Pour dire la même chose mais en adaptant le langage afin qu'il corresponde aux codes et au système de références de son public.

Oui, allons dans ce sens-là et jouons avec les mots, jouons avec la langue pour délier les langues. À la terrasse d'un café, toi mon cœur qui bats dans mon sexe, je te présenterais comme « le galop du Sud ». Pour un vocal WhatsApp, je droperais un « l'emballement cardiaque de ma teuch ». Dans un cadre institutionnel, j'emploierais la formule « cor sexus » issue des mots latins signifiant « cœur » et « sexe ». Et face à une audience académique, je restituerais l'importance de la vie au sein du complexe vagino-clitoridien avant de laisser la main sur la meilleure option nominative de ce phénomène à la fois si rassurant et si peu étudié.

Dans l'Égypte antique, *« si la volonté s'exprime par la langue, c'est du cœur qu'elle provient »*. Ces mots ne sont pas les miens mais ceux de Guy Rachet, écrivain français passionné d'archéologie et d'égyptologie. Dans le même esprit, je me demande si la volonté ne serait pas à mon cœur ce que le consentement est à mon sexe : la base qui s'exprimerait par la langue. Par un « Oui », par un « Non », par un « Plus doucement ! » ou un « J'ai mal, je veux qu'on arrête ».

Mon cœur d'en haut me maintient en vie, tandis que toi, tu martèles que *« ça ne suffit pas de survivre, Camille, je veux te voir vivre »*. Il me permet d'irriguer et d'arroser ma colère, de rincer mes peines, de contracter ma violence et de faire palpiter mon envie d'aller de l'avant. Il a toujours un battement, un temps d'avance. D'ailleurs, je ne me rends même plus compte qu'il bat tant son rythme est constant, linéaire. Tandis que toi, tu me permets de vivre l'instant présent, de m'ancrer, de me concentrer sur la sensation, d'y goûter, de la savourer, d'être gourmande ; je sais que tu es libre, tu viens et tu repars.

Face à la perspective d'une mort inévitable, horizon qui constitue peut-être ma seule certitude, tu me rattaches non pas à ma condition d'être social, mais à celle d'être intime. Tu es occasionnel, joyeux, impossible à dessiner et à disséquer. Grâce à toi, je me sens vivante, comme si c'était finalement là que résidait le véritable sel de l'existence.

Alors, cher cœur qui bat dans mon sexe, merci de me ramener à la vie quand le cœur n'y est plus.

Clitoridiennement vôtre,
Camille

PHILIPPE HUNEMAN

Pourquoi ? La question obsède le philosophe des sciences Philippe Huneman au point de lui consacrer un essai (*Pourquoi ? Une question pour découvrir le monde*, Autrement, 2020). Directeur de recherche au CNRS à l'Institut d'histoire et de philosophie des sciences et des techniques, auteur d'une enquête sur le ciblage des algorithmes (*Les sociétés du profilage : évaluer, optimiser, prédire*, Payot/Rivages, 2023), il s'intéresse à la complicité du néolibéralisme et du numérique dans la destruction de l'environnement et de l'horizon politique. Au fil des pages, il dépeint une société aux accents dystopiques qui dessine de nouveaux régimes de vérité et d'identité. Spécialiste de la sélection naturelle, de l'écologie théorique et des modalités de l'explication biologique, il place la notion de prédiction au cœur de ses recherches. Pour sa Lettre Persane, il imagine un monde où les contradictions du capitalisme ont eu raison de nos sociétés hyperconnectées. Un monde qui inspirerait à Karl Marx un nouvel opus de son traité d'économie aux accents de manifeste politique, *Le Capital*.

LETTRE XX

Philippe Huneman à Karl Marx
Londres, le 16 juillet 2064

Cher Karl,

Je t'écris d'un pays lointain, celui de la Raréfaction et de l'Impossible. Celui que tu annonçais il y a deux siècles comme une quasi-certitude, et qui, après la dévastation, la volatilisation, la destruction, est devenu un monde plus qu'hypothétique. Paradoxe d'un communisme plus nécessaire que jamais, et toujours moins probable, tant sa probabilité se mesure à notre détermination, laquelle est systématiquement accaparée ailleurs.

Tant de pages se sont tournées depuis toi, depuis ce livre interminable qui dut paraître sur plusieurs années et qui devint tout autant le bréviaire des révolutionnaires que la référence obligée pour qui voulait comprendre notre temps. *Le Capital* : le titre inventait en quelque sorte son objet, la matrice d'un monde qui était alors en gestation – tandis que toi-même, tu pensais prophétiser sa mise au rebut de l'Histoire. Et au regard des épisodes à venir, j'avoue qu'en 1867, tu n'avais pas trop mal visé.

Tu voyais les machines arriver, décupler la force de travail des ouvriers pour les asservir davantage encore au capital, selon un paradoxe dont les prolongements enserrent toujours nos vies – comme les machines elles-mêmes, qui de décennie en décennie allaient encadrer chaque fois davantage l'horizon de nos actions en se dotant progressivement de la capacité de sentir et de penser.

Le Londres d'alors inventait le capitalisme, et toi, son antidote ; puis, il fut jusqu'à nous une longue série de résistances avortées ou récupérées, souvent musicales. Aujourd'hui, les drones y pourchassent les écolos et les activistes ; les quelques réfugiés fuyant les chaleurs invivables, les famines et les pillages sont envoyés voguer sur l'Atlantique Nord dans des boîtes qui sombreront « sans responsabilités établies ». Ce qui fut à tes heures le cœur du capitalisme colonial est devenu à l'échelle du monde une bourgade provinciale où s'expérimentent les techniques dites « humanistes » de persécution des classes – les autres continents ne sont pas assez blancs pour avoir droit à l'humanisme – comme les tactiques de guérilla numérique. Nos tactiques.

On innovait sans cesse, la dynamique du capital exigeant une incessante rénovation des moyens de production pour alimenter une concurrence sans frein. Le futur devenait alors si inscrutable qu'un genre littéraire particulier fut consacré à imaginer le monde que les techniques rendraient possible quelques siècles plus tard ; on l'appela « science-fiction », et tout au long du vingtième siècle, ses auteurs accumulèrent les dystopies. D'autres Londoniens d'ailleurs y excellaient, et l'on en appelle constamment aujourd'hui à eux pour décrire notre présent.

Le plus souvent, dans ces récits, une petite parcelle de l'humanité faisait sécession, allait vivre dans des conditions minimales pour échapper au bonheur obligatoire imposé aux masses, et dont l'envers se disait « surveillance généralisée », « prédiction universelle », « profilage global », « traçage radical ». Ces écrivains étaient en réalité au monde social ce que sont les animaux sauvages aux séismes : ils ressentaient avant les autres la catastrophe imminente – alors même que ses signes restaient opaques aux humains – pour la mettre ensuite en phrases. Ils annonçaient les thuriféraires du grand refus.

Ils avaient décrit de mille façons le peuple des yourtes qui est le mien. Quelques centaines, disséminés aux marges des métropoles, souvent nomades par choix, nous voulions échapper au suivi universel comme au ciblage individuel. Nous avons abdiqué la facilité des machines, la fluidité des échanges, le confort de ce sentiment d'humanité par lequel je me reconnais dans tous les autres sans savoir ce que j'en reconnais.

J'écris dans l'un des rares lieux où subsistent l'ombre et les loups. Tu serais étonné par la manière dont nous grappillons l'eau, l'électricité parfois, le nécessaire enfin. Lorsque tu inventais des robinsonnades – ton clin d'œil au personnage de Daniel Defoe –, fictions censées décrire l'émergence de l'argent et de l'économie, tu croyais parler de l'Origine, l'apparition des sociétés, des modes d'économie, puis du système du capital. Mais si proches de la Terminaison, nos yourtes y ressemblent davantage qu'aux cités de fer et de verre où exultait le capital.

Car toute économie produit ses contradictions, et se termine lorsqu'elle ne les soutient plus. Nous sommes l'un des visages de la Grande Contradiction, celle que tu nous avais enseigné à repérer, par laquelle un régime économique, social et politique périt, alors même qu'il emploie toute son énergie à la masquer.

On aurait dû l'anticiper ; mais on t'avait oublié.

On t'a prêté mille morts : le soviétisme t'avait tué, puis le tournant dit « artiste » du capitalisme, lequel remplaça par l'individualisme hédoniste *« les eaux glacées du calcul égoïste »* que tu aimais tancer, puis cette « fin du travail » prophétisée par les gourous de l'intelligence artificielle. On t'avait cru caduc tout ce temps parce qu'on pensait résolu l'affrontement radical entre le capital et le travail : le premier aurait gagné, le second se serait réduit aux quasi-esclaves africains et asiatiques dans des pays où le labeur ne coûtait presque rien.

On te voyait en vérité mourir à chaque spasme du capitalisme, puisque tu en étais l'analyste princeps. Or, le capitalisme s'est toujours relevé de ses crises, laissant chaque fois affleurer, cryptique, ton message, tels ces microbes qu'on déniche sous une forme congelée depuis quarante-cinq millions d'années mais toujours là, ou ces méduses aptes à régénérer leurs organes et chez lesquelles quelques savants fous prospectent encore des secrets d'immortalité.

En réalité, la pacification claironnée à chacune de tes morts n'eut jamais lieu. Et dès les années 2020, la lutte des classes reprit même avec une violence avivée. Depuis quatre décennies, les pauvres étaient pourchassés, persécutés, cloisonnés, comprimés, au prétexte de théories toutes plus fumeuses les unes que les autres auxquelles même tes ennemis économistes ne croyaient plus – le ruissellement, l'autoentrepreneuriat, le néomanagement, la gouvernance bienveillante, la gestion des ressources humaines, et ainsi de suite. Après quelques décennies d'oisiveté consumériste et conciliatrice, l'habitude de la lutte étant perdue, les pauvres, et avec eux les étrangers, les non-normés, les mal-consommants, les dissidents (on les nommait « écoterroristes »), furent pulvérisés.

Le capitalisme a changé de forme, mais il vit toujours d'exploitation, d'oppression, de prédation, mû par la rapacité croissante de ceux pour qui tout territoire est un marché, toute population une main-d'œuvre, tout humain un pur consommateur. Ses contradictions sont d'autant plus vives, nous les subissons dans notre chair ; et elles nous balayeront tous, des cités de fer aux clairières de yourtes.

Les Lumières dont tu te savais l'héritier aimaient plutôt les *paradoxes* ; ils étaient souvent une manière d'habiller d'un trait d'esprit une vérité douloureuse parce que toute vérité dure à conquérir met à nu une convention, comme le firent Usbek ou Rica à longueur de lettres. Le paradoxe était élégant ; il faisait sourire dans les salons ; au pire, il suscitait des vocations de logicien. La contradiction, elle, se vit – et se vit mal. On épuise nos ressources à vouloir produire des dispositifs plus sobres – on bâtit des centrales nucléaires dernier cri, on essore la planète en quête de métaux rares pour fabriquer des voitures électriques supposées diminuer nos émissions de carbone.

Au-delà des ressources, les contradictions grèvent le travail lui-même. Il était d'après toi la seule source de plus-value pour le capital, grâce à l'écart entre le temps travaillé et le salaire payé – toujours moindre – pour maintenir en vie la force de travail de l'ouvrier. Or, afin de rendre ce travail plus productif, des machines de plus en plus « intelligentes » ont fini par se délester de tout travailleur ou presque, de sorte que la plus-value dut être cherchée ailleurs.

On la rechercha par l'arraisonnement du temps de tous et la guerre pour la maîtrise de l'attention d'ouvriers et d'employés devenus surtout consommateurs. On la trouva dans la maîtrise de flux de données prises en temps réel sur chaque parcelle de Terre habitée par des vivants, sur les faits et gestes de chaque humain en mouvement ou en projet de mouvement, d'achat, de guerre ou d'amour. Le capitalisme avait branché son flux de cash sur tous les flux de vie, par l'extraction de données globales et instantanées.

Lors de ce dernier tournant – l'explosion massive des données et l'émergence de ces intelligences dites « artificielles » censées travailler pour nous –, on t'a préféré un autre économiste, un autre anatomiste du capital. Joseph Schumpeter enseignait que la destruction engendre la création, en un de ces chassés-croisés de Vishnu et Shiva familiers aux hindous. Sa doctrine de la création-destruction, dite de la « disruption », ne fut pas loin de devenir le discours officiel, tenu à l'encontre d'apprentis luddites rétifs aux machines trop intelligentes.

L'économiste autrichien offrait un autre visage de la contradiction, plus aimable, plus conciliant, puisque les bordées de carnages s'avéreraient toujours doublées d'un lot de créations qui emporteraient toujours le capitalisme plus haut, plus fort, plus loin. Ni l'Autrichien ni toi, le juif allemand, n'annonçaient au capitalisme un long fleuve tranquille, mais lui, Joseph, le voulait apte à se sortir toujours de tout, à l'image de ces héros de blockbuster dont le destin exige qu'ils s'extraient de carcasses explosées, survivent à des incendies, résistent aux assauts répétés de parasites extraterrestres ou de projectiles létaux de toutes formes et tailles. À l'heure où j'écris, nul ne sait qui de vous deux était l'authentique prophète ni laquelle des visions décrirait le mieux notre présent.

Vous aviez, en philosophes, discerné « l'essence négative de l'homme ». Car travailler, c'est nier la nature : enjamber des rivières par des ponts, pêcher des poissons, transformer une forêt en clairière puis en champ, construire une ville où l'état social supplante l'état dit « de nature » depuis les contemporains de Montesquieu. Sauf que cette essence négative finit par ronger les ressources mêmes qu'elle présuppose. Ainsi, les conséquences de ce travail défont les conditions naturelles qui le rendent possible : le climat, bien sûr, les animaux et les plantes aussi, tour à tour disparus. Alors le travail n'existe qu'à devenir de plus en plus raréfié ou absurde.

Le jour ouvré tendit vers zéro, il fallut des besognes artificielles pour maintenir en vie la plus-value. Pour que la destruction fût créatrice, le capital inventa une batterie de nouvelles tâches. Des contrôleurs et des vérificateurs pour surveiller les intelligences artificielles qui avaient pris notre place ; des curateurs pour présenter aux humains les échantillons d'un contenu devenu immaîtrisable ; des tâches de supposée médiation humains-machines ou humains-humains qui, en réalité, collaient simplement des rustines sur du vide.

L'essence de l'homme consistait à construire son monde par le travail sur la base du naturel. Tel était le credo humaniste, puis protestant, puis libéral, puis capitaliste, et communiste aussi bien. La toile de fond de cette histoire, le fil rouge qui soutient cette logique à travers les siècles, c'est la *constance*. Constance des ressources, de l'énergie, de la température, de l'électricité, créée et entretenue par tous les dispositifs issus de l'ingéniosité humaine puis de l'industrie capitaliste. La constance est l'environnement invisible. On la remarque seulement lorsqu'elle fait défaut, comme en temps de guerre, où les approvisionnements cessent d'être une norme. Et depuis deux ou trois décennies, en effet, on la ressent : ni l'électricité ni l'eau n'abondent, l'air pur est un luxe, les chaînes du froid qui assurent une nourriture saine s'interrompent régulièrement, le papier, le café, le cacao, le caoutchouc (autrement dit les pneus), le cuivre (tuyaux, plomberie) ne sont plus disponibles sans effort.

Les savants comprirent il y a peu que l'essor des hominidés, le *« succès humain »*, comme le nomment certains articles avec une pointe d'ironie, est dû à l'amplitude de notre *construction de niche*. Car la plupart des animaux se construisent une niche pour sous-traiter les opérations coûteuses de prédation et de protection : les araignées, des filets ; les castors, des barrages ; les vers de terre, un sol adéquat à leur métabolisme aquatique. Mais la niche humaine fait, elle, la taille du globe ; elle soutient la constance dans toutes ses dimensions : j'ouvre le robinet et l'eau coule ; je saisis mon smartphone et son écran me présente le monde ; je m'installe sur mon balcon, je vois la ville illuminée juste à mes pieds, et le vent violent ne m'emporte pas.

Certains parlent même de « niche culturelle », car elle se tisse non seulement de matières, mais aussi et surtout de langues et de symboles. Parcourant des dizaines de pays, écoutant des centaines de lexiques, croisant des millions de visages, je n'en sors jamais. Telle était la constance, du moins jusqu'aux toutes dernières décennies.

Car, contradiction radicale, cette niche se déploie à mesure qu'elle ruine ses fondations. Les économistes parlent d'« externalités négatives » ; ils auraient pu aussi bien dire « invisibles » – en effet, on ne les perçoit que lorsqu'il est trop tard. La constance, c'était au fond une affaire de temps. Le temps devenu *smooth*, comme on dit en anglais, débarrassé des événements extrêmes, des sautes d'humeur, des impromptues extinctions. Les pandémies, les déplacements massifs de peuples, les cyclones et les mégafeux incessants sont venus réfuter ce temps aplani.

La domestication du temps constituait le secret de la croissance sans fin, de l'enrichissement et de l'appropriation extrêmes propres au siècle dernier. Alors on a accéléré, produit toujours plus vite, minimisé le délai entre désir et consommation. En devenant la norme, cette accélération continue a *« sorti le temps de ses gonds »* (selon la formule du prince Hamlet), elle a désagrégé la constance après avoir sublimé le travail. Or, le temps ainsi désarticulé ne saurait servir le capital par l'opération économique la plus élémentaire qui soit, l'investissement. Car sans la constance, le risque devient infini, l'investissement si hasardeux qu'il confine à l'impossible. Exilé de la constance, le temps était devenu l'Impossible.

La croissance qui sape la croissance, la niche qui désagrège la niche, la rapacité qui se dévore elle-même, la constance du temps volatilisée par son accélération : la contradiction qui mettrait bas le capitalisme advient donc. Celui-ci survit par cet autoritarisme illibéral qu'inventèrent les années 2020, par lequel les dominés sont continuellement profilés et contrôlés, et les consommateurs entretenus, préservés, suscités, choyés (parfois, ce sont les mêmes). Même si à chaque crise, des champions du communisme se levèrent et eurent tort, on voit mal aujourd'hui quelle contradiction plus fondamentale pourrait relayer celle-ci et rendre à nouveau le monde vivable. Le communisme, donc, comme horizon indépassable – sauf à imaginer que l'humanité ne se survive pas, ou par îlots, par grappes, vouée à une Raréfaction inexorable. Car même indépassable, un horizon n'est jamais tangible.

L'incertitude demeure notre lot, parce que sans notre résolution, la Raréfaction l'emportera.

Philippe

RIM BATTAL

Rim Battal met à nu le désir. Dans ses œuvres, elle raconte le corps, l'intime, la liberté, parle de maternité, de sensualité, de sexe aussi. Touche-à-tout engagée, la poétesse navigue entre les performances artistiques, la photographie et les mots. À la direction du Bordel de la poésie, collectif qui propose des immersions festives dans la poésie contemporaine, et auteure de nombreux recueils de poèmes et d'anthologies – *Latex* (LansKine, 2017), *Transport commun* (LansKine, 2019), *L'Eau du bain* (Supernova, 2019), *Les Quatrains de l'all inclusive* (Castor Astral, 2021), *Mine de rien* (Castor Astral, 2022) et *Pommes Girl* (Kulte, 2023) –, l'artiste figure parmi les voix montantes de la poésie francophone. Dans sa Lettre Persane, elle parle d'identité et de la précarité des artistes (deux de ses thèmes de prédilection). Dans les pas d'Usbek et Rica, les personnages de Montesquieu, elle explore les différences entre le Maroc où elle est née et Paris où elle vit. Alors que ses parents viennent quelques jours dans la capitale, elle raconte à sa sœur cette ville où *« parler d'argent est un autodéclassement intellectuel »* et où personne ne danse.

LETTRE XXI

Rim Battal à sa sœur
Paris, le 17 mai 2023

Coucou bichette,

Mama et Papa sont bien arrivé·e·s, iels pètent la forme. Mama a commenté tout le trajet sous Atarax depuis Orly et jusqu'à l'appart en mode « Paris, c'est plus ce que c'était », alors qu'on n'avait pas encore passé le périph. « *C'est quoi tous ces bidonvilles, ma fille ?* » répétait-elle. Je lui ai répondu – avec agacement : « *Je suis toujours pas maire de Paris.* » J'avais curieusement honte, comme si j'étais responsable de la politique publique de la ville. Elle m'a dit : « *Tu attends quoi pour le devenir ?* »

« *C'est-à-dire que comme tu le sais, Mmima, je suis venue en France pour devenir poétesse, pas pour politiquer en politicarde.* » « *Et tu l'es devenue ?* » qu'elle n'a pas manqué de m'asséner alors qu'elle connaît la réponse, et comme une idiote je lui donne de quoi me fouetter comme un chat : « *Bah oui ! J'en suis à mon cinquième livre.* » Et c'est là qu'elle m'envoie alors au tapis : « *Et tu en vis ?* »

J'ai pété un câble de la manière la plus contenue qui soit parce que je ne voulais pas d'emblée me fighter avec elle à peine débarquée de son Transavia dont le *cost* n'est pas aussi *low* que le service. Le câble a fait un petit *touf* feutré au fond de mon cœur. « *Ça va arriver incessamment sous peu* », je lui réponds ça façon Lena Situations qui assure dans une vidéo qu'elle va devenir millionnaire : « *Incessamment sous peu.* » Tu te souviens de Marie-Claude, mon éditrice ? Elle m'a promis de me verser enfin les droits qu'elle me doit depuis six ans maintenant. J'avoue que j'ai mis du temps à les lui demander... Elle répète toujours : « *Financièrement, c'est un enfer, l'édition de poésie en France. Un enfer.* » Ce à quoi je compatis et ce à quoi elle ajoute invariablement : « *Je fais de la résistance avec ma maison d'édition !* »

Comme je ne veux pas la mettre encore plus en difficulté, je résiste avec elle. (Bonne poire, comme d'hab.) Tu sais, c'est la pire des *hchouma* que de parler d'argent ici. C'est considéré comme un truc de bolosse et je ne veux pas compromettre mon intégration encore fragile dans ce pays, particulièrement dans le milieu littéraire, dans lequel je commence enfin à être adoptée. Parler d'argent ici est considéré comme une attitude de droite, un autodéclassement intellectuel. Contrairement aux pauvres qui chez nous disent *hamdoullah* et font semblant de manger à leur faim, ici on se vante d'être pauvre, de galérer. C'est étrangement valorisé. Les artistes que je côtoie mettent en avant leur engagement politique radical, anarchiste et anticapitaliste, mais la plupart vivotent grâce à des aides de l'État et des subventions, et je vois toujours pas en quoi c'est plus noble. Une jeune femme lesbienne qui voulait monter un collectif de poésie queer m'a regardée avec des yeux méprisants quand j'ai dit (très premier degré comme une conne, tu me connais) : *« Je suis mariée avec un homme, c'est lui qui paye le loyer.* » J'ai eu l'impression de la trahir personnellement, d'être une sorte de tricheuse qui devait avoir honte. Mais moi, je ne peux pas sauter sans slip dans le trou béant de la précarité, surtout dans un pays dirigé par des libéraux. J'ai pas confiance et je n'ai aucun filet de sécurité. Si tu ne m'avais pas dépannée pour mon opération des yeux, j'aurais encore ce handicap pas même reconnu comme tel, pas pris en charge par la Sécu.

La vérité, je comptais un peu sur Jean-Mi pour te rembourser, mais on a rarement vu de mécène aussi pingre. Il ne m'achète des affiches que quand je les lui livre en personne, parée comme Zahia Dehar, et maintenant que j'ai décidé de changer de stratégie et de ne m'habiller qu'en noir, il négocie au centime près, veut que je lui offre des livres en cadeau au lieu de les acheter en librairie parce que *« la poésie, ça a plus de valeur quand c'est gratuit »*, qu'il me dit en frottant le bout de ses Weston contre son pantalon pour les faire reluire. D'ailleurs, contrairement à ceux de chez nous qui étalent leurs fortunes, les riches ici maquillent les leurs, les nient. Le silence général sur la question est à leur bénéfice : ça vient profiter de l'ambiance chez les pauvres, s'enjailler au Bordel de la poésie à peu de frais, regarder des performances gratuitement dans les librairies, parler de révolution comme d'une chose belle et noble qui n'implique pas de questionner ses privilèges, d'en décapiter un ou deux de sa classe, puis ça retourne coucher dans son appart à moulures rive gauche ou à Neuilly-sur-*scène*. J'attends toujours celui qui va faire la révolution en me léguant sa fortune pour que je puisse écrire tranquille pour le reste de mes jours, mais autant attendre qu'Alice Coffin devienne la première présidente de cette république.

Oui, je sais que tu penses que j'ai juste le seum, mais oui, j'ai le seum. Et j'assume mon seum.

Figure-toi qu'une fois, j'ai proposé à Marie-Claude de venir voir une de mes perf' à La Flèche d'or, elle m'a répondu : « *Je ne vais que dans les arrondissements à un chiffre* », avant d'ajouter : « *Je rigole, bien sûr.* » Mais elle n'est pas venue. Quand je suis tombée sur les subventions que le CNL lui a accordées pour publier mon dernier livre, je me suis dit : « *Elle peut quand même lâcher un petit chèque, frérot.* Mon *petit chèque.* » Alors j'ai pris une grande inspiration sous forme de deux pintes de Gallia et je l'ai appelée. Elle m'a dit : « *Je te rappelle, je passe sous un tunnel* », ça m'a semblé bizarre parce qu'elle n'a pas de voiture, mais soit. Je la rappelle le lendemain, elle me dit : « *J'ai pas Internet pour te faire le virement* », ça m'a paru bizarre parce qu'il n'y a pas de zone blanche dans le sixième arrondissement, mais soit. Je la rappelle le surlendemain, elle me dit : « *Mon chien vient de mourir* », je me suis dit bon, au moins c'est pas lui qui a mangé ses devoirs, alors soit. Mama a commenté : « *Ils préfèrent leurs chiens aux êtres humains dans ce pays* », avant d'ajouter : « *Viens, on va chez elle récupérer ton argent.* »

J'ai franchement ri en pensant à ce passage où Martin Eden va chercher ses sous dans un journal qui a publié une de ses nouvelles sans le payer et finit par boxer toute la rédaction et leur faire les poches pour récupérer le compte exact de ce qu'on lui devait. Sachant que Mama serait capable d'arracher les cheveux de Marie-Claude et d'embarquer le Joan Miró qui trône au-dessus de son piano à queue blanc, j'ai changé de sujet. J'avais plutôt envie de passer un bon moment avec Papa et Mama et de leur montrer un peu le Paris underground où je navigue comme une native maintenant. *My own personal Paris, you know!* Pas celui de la tour Eiff' et des bateaux-mouches, mais celui des galeries d'art du Marais, les emmener voir Thomas de Pourquery jouer au Baiser Salé par exemple, les scènes ouvertes au Lou Pascalou, Le Cabaret électrique... Ça sonne bien comme ça, mais attends la suite...

Je me suis mise sur mon trente-et-un comme d'hab. Mais bon. Papa et Mama n'ont évidemment rien compris à mon sfumato délicat travaillé au crayon brun autour de mes lèvres, rien capté à la superposition de couches de textiles noirs d'inspiration soulagienne. Mama me dit, en pouffant dans son écharpe à fleurs sur une chemise panthère : « *Tu pleures, Poppers ?* » En faisant allusion au chien de Marie-Claude. J'ai eu la flemme de lui expliquer que c'est Popper, comme Karl, que je ne pleure personne et que je ne compte pas sur elle pour comprendre la subtilité de cette annulation des couleurs afin d'expliciter la coupe et la texture de chaque layer comme le font les artistes brillant·e·s qui disruptent la mode ici et que je commence à fréquenter.

J'avais prévu d'emmener le papa-maman – comme dirait Alice Zeniter – pour une visite de la Fondation LVMH, qui propose une expo collective autour des écoféminismes et des arts décoloniaux, mais iels se sont ligué·e·s pour réclamer comme de gros touristes une visite du musée Grévin. Tu savais que l'entrée est à vingt-six euros, sa mère ?! Et c'est blindé avec ça.

Mama balance à la caissière : « *Vous nous faites un prix ? On fera de belles photos et on les mettra sur Internet, ça vous fera de la pub.* » La jeune femme rigole à ce qui n'était pas du tout une blague et répond : « *Non, désolée.* » « *Ma fille est artiste* », ajoute Mama, à qui il en faut bien plus pour accepter la réalité, tu connais. « *C'est grâce à des gens comme ma fille que les musées existent. Ils les rempliraient avec quoi sinon, leurs crottes de nez ? Vous nous laissez entrer gratuitement alors ?* » Comprenant que Mama était on ne peut plus prem' degz', la caissière ne rit pas cette fois-ci. D'une voix de GPS, elle dit juste : « *Je suis désolée, madame.* » Mama se retourne vers moi et me balance, devant la nana : « *Tu vois, t'es la seule à être payée en applaudissements dans ce pays. Quelle idiote celle-là aussi ! Le musée se fait dix fois son salaire mensuel toutes les minutes et elle fait la chienne de garde. Je ne partirai pas sans faire une photo avec la statue de cire de Sa Majesté. Je m'en fous, moi je rentre gratos où je veux.* »

Sur ce, elle me prend par la manche et s'engouffre dans le passage Jouffroy qui jouxte l'entrée du musée et d'où sort un flot de touristes. Dès que j'ai compris qu'elle se dirigeait de manière militaire vers la sortie de l'établissement, j'ai arraché mon bras au sien. « *Que de la gueule!* » qu'elle me dit. « *Tu me suis, toi?* » qu'elle lance à Papa, et lui, un gosse de six ans qui s'apprête à voler des bonbons, poussé par sa meilleure amie, lui répond : « *Bismillah!* »

Je me pose dans le bar d'à côté en mode « Je les connais pas ». Petit Coca, petite frite; plein de sucre, plein de gras pour me remettre de mes émotions. Un bar sympa mais sans plus... D'ailleurs, je crois qu'on y était allées ensemble l'été dernier, on cherchait un endroit pour danser... et en fait, personne ne dansait.

Personne ne danse dans ce pays, les conversations politiques passionnées prennent toujours le pas sur la danse et le rire. Ça m'avait émue lorsque je suis arrivée : tout un peuple impliqué personnellement dans la chose publique, c'est assez dingue en vrai. Aujourd'hui, j'en reviens un peu : les conversations vont rarement au-delà de la simple opinion et font presque toujours écho au discours produit par les politiques, relayé par les médias. C'est de la politique de réaction et non d'anticipation ou de réflexion. Ça pense peu, ça débriefe beaucoup.

C'est quasiment un jeu, une manière de sociabiliser, de s'individuer sans trop sortir du groupe. Car toutes les opinions doivent être parfaitement identifiables, classables, au risque de se faire cancel en un claquement de doigts : les gens cancellent plus facilement et avec la plus grande intransigeance les personnes les plus proches politiquement d'elleux. J'en ai vu avoir plus d'indulgence pour un cinéaste accusé de viol que pour une amie de longue date qui n'est pas totalement alignée sur le véganisme. Pour ma part, je fais très attention à ce que je poste sur les réseaux parce qu'il y en a toujours un avec de petites pierres plein les poches à lancer en premier.

Là, par exemple, tiens-toi bien, c'est du quasi-live : je poste sur Insta une photo de mes jambes qui dépassent de ma jupe en Néoprène noir. On voit le Coca et les frites luisant sous un soleil rare, et pour rigoler, je mets en légende viteuf :

« Petit Coca
Petite frite
Sucre tout doux
Gras pour l'bidou
Pour la petite
Qu'a pas de sous »

Et j'ai ri toute seule en anticipant le moment de légèreté que mon petit poème rigolo allait rendre possible dans toute la francophonie. Mais voilà-t'y pas qu'un grand poète dont personne n'a jamais entendu parler commente : *« La poésie doit manquer cruellement à notre pays pour qu'on ait importé d'aussi méprisables versificatrices du dimanche. »*

J'ai hésité à lui répondre *« Instagram n'est pas un pays, espèce de shlagos »*, quand Mama et Papa sont arrivé·e·s, euphoriques. Mama me montre toute fière une photo d'elle tenant la main de Mohamed VI, alors qu'il n'est pas permis de toucher les statues – quand on fraude, tu me diras, on peut tout se permettre. Elle avait déjà posté l'image sur FB avec en légende : « *Vive Sa Majesté ! Vive le royaume du Maroc !* »

Le fou rire qu'elle s'est tapé en me racontant comment elle a dit au vigile : « *J'ai oublié mon téléphone à l'intérieur* » en fonçant par la sortie, suivie par mon père qui répète : « *Ma femme a oublié son téléphone à l'intérieur* », le vigile qui lui dit : « *Elle l'avait dans la main, monsieur !* » mais qui n'a pas eu le temps de le rattraper. Le papa-maman a donc visité l'expo en courant avant d'être vidé ; en dix minutes chrono, iels avaient fait le tour du lieu et pris une vingtaine de photos au moins, toutes à moitié floues.

« *Maintenant on veut voir le Louvre* », me dit Papa. Je visualise en silence le prix d'entrée au Louvre et je me connecte discrètement au site de ma banque, pour voir si j'ai les moyens de les inviter. J'actualise quinze fois la page comme on secoue un olivier, en espérant en faire tomber des *zitounes* comme par miracle. Sauf qu'il ne tombe en fait qu'un énième e-mail de Marie-Claude m'informant qu'elle ne saurait me régler dans l'immédiat parce qu'il y a une coupure de courant dans sa maison. Soit.

Je peux te dire que la dernière gorgée de mon Coca, je l'ai grave savourée. Elle m'aura coûté cinquante-six centimes selon mes calculs, soit ce que je gagne par exemplaire vendu, si bien sûr Marie-Claude me paye un jour. Franchement, je me tâte à lui piquer des livres au prochain Marché de la poésie, en mode « récupération individuelle de richesses ». Mais bon, *maalinach* : mon post Insta a reçu trois cents likes en quelques minutes, t'imagines !

En attendant d'avoir la moula pour t'envoyer un cadeau d'anniversaire, je te prie d'agréer mes salutations les plus distinguées *a lbar'houcha*.

Embrasse le p'tit frère pour moi.

Ta sœur qui manque de toi,
Rim

LAÉLIA VÉRON

Et si nous reprenions le pouvoir sur les mots ? C'est le cheval de bataille de Laélia Véron, qui analyse la langue comme outil d'émancipation et d'oppression, et s'oppose au conservatisme corseté de l'Académie française. Maîtresse de conférences en stylistique et langue françaises à l'université d'Orléans, aux manettes du podcast *Parler comme jamais* (Binge Audio), qui décrypte nos usages linguistiques en trente et un épisodes, elle a cosigné *Le français va très bien, merci* (« Tracts », Gallimard, 2023) avec Les Linguistes atterrées, collectif de spécialistes de la langue. Un ouvrage aux accents de tribune qui s'oppose au déclin supposé du français et propose trente mesures pour simplifier l'orthographe, repenser l'enseignement, revaloriser la place des langues régionales, et qui questionne l'impact de l'écriture numérique. Pour sa Lettre Persane, la coauteure de l'essai *Le français est à nous ! Petit manuel d'émancipation linguistique* (2019) dessine trois futurs linguistiques où la langue nous échappe. Trois possibles où les fantasmes de contrôle de l'Académie française sont devenus réalité, où certaines consonnes sont désormais des marques déposées, et où le langage a rejoint la liste des ressources limitées.

LETTRE XXII

Laélia Véron à la lectrice ou au lecteur du futur
Paris, le 2 septembre 2023

Chère toi, cher toi,

En m'adressant à toi, lectrice, lecteur d'une génération future, que je ne connais pas et qui vit dans un monde qui n'est pas le mien, je ne peux aboutir qu'à des messages équivoques – il n'est déjà pas toujours évident d'écrire à quelqu'un que l'on connait, dans un monde que l'on connait !

Nous, les spécialistes de la langue, nous pouvons prédire certaines évolutions internes du français. Nous savons par exemple que les mots de la négation ont changé et continueront à changer (si tu penses que tu n'omets jamais le « ne » à l'oral dans les formulations de type « je ne sais pas », tu te trompes). À une plus large échelle temporelle, nous nous demandons à quel point l'anglais va étendre sa domination. Nous nous interrogeons également, avec prudence, sur les évolutions du langage numérique : les applications de traduction vont-elles favoriser le multilinguisme ? Ou au contraire décourager les tentatives d'apprentissage de langues étrangères ? Comment les rapports entre écrit et oral vont-ils évoluer ?

Nous ne nous aventurons guère dans des spéculations plus générales, notre travail n'est pas d'imaginer, mais d'étudier.

Cependant, cette lettre qui n'a pas vocation à établir une vérité scientifique est l'occasion de me risquer à des exercices plus inventifs. Les linguistes aiment employer les mots « parlers », « pratiques », « usages » (toujours au pluriel), contre l'idée d'une langue ou d'un langage figé : je te propose donc trois scénarios, nourris d'inspirations variées[13], qui jouent avec des styles et des graphies qui te feront peut-être sourire.

À toi de voir si tu veux lire l'appel d'une lexicographe confrontée à une privatisation croissante des mots et des lettres (à moitié imaginée, à moitié déjà réelle), si tu souhaites découvrir en poésie un monde futur dans lequel l'Académie régenterait notre langage (ce qui, pour être honnête, risque peu d'arriver puisque son pouvoir est essentiellement médiatique), ou enfin si tu préfères te poser plus sérieusement la question des conséquences possibles de la crise climatique sur nos pratiques linguistiques, qui sont aussi des pratiques sociales.

...

Note : Laélia Véron applique la réforme de l'orthographe de 1990, proposée par le Conseil supérieur de la langue française. Les rectifications concernent la graphie de deux mille mots. Elles confirment notamment la validité d'usages orthographiques répandus (événement et évènement cohabitent désormais) et simplifient le pluriel des mots composés ainsi que la graphie d'une poignée de termes (oignon devient ognon et imbécillité, imbécilité). Enfin, elles gomment l'emploi de l'accent circonflexe dans certains cas et établissent une règle pour le pluriel des mots empruntés (un imprésario, des imprésarios).

...

Privatisations

Pardonne-moi si cette lettre est brève, mon avocat m'a prévenue, la police peut arriver à tout moment pour me mettre en garde à vue. En garde à vue – je devrais dire en prison. Je ne sais pas si ce sera pour dettes ou pour vol, mais je vais y aller. En prison pour vol ! Tu t'imagines que j'ai touché un héritage secret que j'ai caché dans des paradis fiscaus ? ou que dans un accès de rage et de frénésie j'ai agressé une vieille grand-mère pour lui arracher bagues et portefeuille ? Pas du tout, je suis bien accusée de vol en tant que leksicographe. J'ai employé des mots que je ne possédais pas. Mais tu fais peut-être partie des personnes qui pensent que c'est très grave, maintenant que les mots sont devenus une source de revenus qui enrichissent toute une économie et qu'ils valent bien plus que toutes les bagues de grand-mère.

Si je te dis que, du temps de ma jeunesse, on considérait que les mots appartenaient à tout le monde, me croiras-tu ? Tu me prendrais pour une ekstravagante ou une résistante, sans comprendre à quel point pour nous ce n'était pas un mot d'ordre. Ce qui était factuel est devenu une aspiration politique, souvent jugée ridicule ou idéaliste.

J'aurais sans doute dû prendre au sérieu les remarques de mes jeunes collègues, qui me disaient de faire attention, qu'*Usbek & Rica*, en tant que dernier dictionnaire public numérique en ligne, était particulièrement convoité par les marques. Quand j'ai reçu mon premier meyl avec comme objet « Scotch – procès », et quand j'ai vu, au milieu de termes juridiques, la définition préconisée par la marque : *« Scotch. Nom masculin. Ruban adhésif de la marque de ce nom. Toujours avec une majuscule (nom déposé)* », j'ai décidé de ne pas en tenir compte. J'avais déjà ekspliqué « Elon » fois aus représentants de Scotch que de fait, dans l'usage, puisque *scotch* était bien utilisé comme synonyme de ruban adhésif (et donc comme un nom commun), c'était absurde de dire qu'il fallait toujours l'employer avec une majuscule. Mais je n'aurais jamais pensé que Scotch deviendrait de plus en plus egzigeant, en voulant non seulement que le mot soit toujours employé comme un nom propre, toujours désigné comme une marque déposée, mais en demandant que les egsemples d'usage donnés soient modelés sur leurs slogans publicitaires. Je n'aurais jamais cru que m'amuser à déplacer leur précieuse majuscule au milieu du mot serait considéré par la loi comme une atteinte sérieuse à leur réputation et par vous comme une faute professionnelle. Et qu'après Scotch il y aurait Kir, et qu'après Kir il y aurait toutes ces marques qui egzigeraient d'abord des majuscules, puis une citation de leur meilleur slogan à chaque utilisation de leur nom, nous transformant en spots publicitaires. Et qu'après les marques d'entreprise, les célébrités allaient à leur tour faire breveter leur nom. Qui aurait cru que Quoicoubeh créerait plus de dettes que les paris sportifs ?

Mais le pire, c'est Elon Musk ! De mon temps, tout le monde l'avait pris pour un idiot lorsqu'il avait racheté twitter et l'avait renommé d'une lettre. On disait « *ça ne marchera jamais* ». Et maintenant, il est allé comme toujours plus loin que tous les autres. Il a racheté cette lettre, et il prétend maitriser tout ce qu'elle représente. Il n'a pas su se contenter d'une mainmise totale sur toute la production porno, il nous interdit d'utiliser cette lettre si on ne paie pas. Même moi, j'ai été façonnée par cette peur : sur le point de t'écrire peut-être mes derniers mots, je n'ose pas l'utiliser, je biaise. Plus personne ne s'étonne ou ne le prend pour un idiot. Peut-être suis-je encore en retard sur ton actualité, maintenant qu'il possède presque tous les réseaux sociaus et les médias de la planète, peut-être les a-t-il rebaptisés d'autres lettres qu'il a achetées. En voulant t'écrire, je ne fais qu'aggraver mon cas.

...

Soumission à un acte de réaction

Féru de belle langue et de démonstration
De son authôrité, un Président Bougon
Crut bon, un beau matin, de régenter l'usage
Que faisaient les Français de leur noble langage.
Les puristes, ayant la nostalgie pour loi,
Voulurent revenir à l'ancien vers françois,
Quitte à fermer les yeux sur les anachronismes,
Recréations et autres orthographismes.
C'est Molière qu'on veut ?! On aura du Meâulhyâyre !
Plus de « f » rabougri, plus de « a » tête nue,
Sortir sans couvre-chêph est tout à fait vulgaire,
Écrivez donc en chœur : phâ, phê, phî, phô, phoû, phû.
On institue d'âbord *Phygârhô* en censeur,
« Dytes, ne dytes » pas acquiert phorce légale,
L'anglycisme est bânni (sauf chez les managers),
La correctyõ devient La Cause Nâtyonale.
Ô rage, ô désespoyr, ô jeunesse ennemye !
Miskine et Quoicoubeh entrent en résistance.
On dégaine l'épée à l'Ynstytût de Phrhânce
Pour armer la khroysâde face à l'hérésye.
Mais ce n'est pas assez et grys de leur succès,
Les Vyeux Hymmôrtêls zympoſent le sonnet,
Avant de renoncer, faute de savoyr fayre
Un projet de décrêt en quâtorze bons vers.
(C'est pourtant bien moins long que tout
un dictionnaire !)
On trouve un cõpromis : la parole pûblyque
N'aura droyt de cyté qu'â la condytyõ
D'être en alexandrins, même de myrlyton.
Je m'êxécute donc, la lôy ryên que la lôy,

À *Usbêk & Rycâ*, nous voylà donc byen bâs.
J'achève ycy ma phâble et j'eſspère en tout câs,
Mâgnânyme lêctêûr, mâgnânyme lêctryce,
Quê vôûs ſâûrêz byên myêûx quê môy,
pâûvre âmâtrycê,
Ên vêrs âlêxândryns pôûrſûyvrê lê débât.

…

Ressources

Si je prends au sérieux la tâche qui m'incombe, il me semble que je dois m'intéresser au facteur massif qui parait la base certaine de tout scénario prospectif : les transformations climatiques et l'épuisement des ressources. Concernant le langage, la conséquence sera sans doute la raréfaction de la parole publique et des échanges. On l'oublie souvent à mon époque, où envoyer un message, passer un appel, scroller sur les réseaux sociaux sont des pratiques machinales, mais la fabrication, l'envoi, la réception et le stockage de messages en tous genres engloutissent une part non négligeable de notre énergie. Quand j'étais jeune, on avait l'impression que ce qui menaçait la parole publique, c'était sa surabondance. De fait, la surproduction noyait l'information, la multiplication des formes d'échange, notamment numériques, nous isolait avec nos appareils connectés. Mais même de nos jours, nous avons compris, avec le temps, qu'il faut peut-être au contraire imaginer un monde inversé où la parole deviendrait rare, où l'on manquerait non de personnes avec lesquelles échanger, mais de messages disponibles. Si le pétrole et le gaz font désormais défaut, de même que l'uranium ou d'autres ressources, j'imagine que des priorités ont été posées pour rationner la consommation d'énergie et qu'on ne dépense plus des milliers de kilowatts-heures pour faire tourner des data centers.

Dans sa version sobre et bucolique, si l'on projette que les combats de ma génération ont porté leurs fruits, se dessine un monde où l'échange direct est redevenu la norme. Le papier fait-il son grand retour ? L'ouvrage que tu tiens entre tes mains constitue-t-il une ressource rare, mais toujours employée ? J'imagine qu'on tente de la préserver en privilégiant le partage et les lectures publiques, voire les souvenirs de lecture comme dans *Fahrenheit 451*, plutôt que les réimpressions, et que les livres ne sont plus envoyés directement au pilon. Peut-être penses-tu d'ailleurs en me lisant que cet écrit est un signe de l'abondance inconsciente de mon temps, du tien on n'utilise plus le papier pour des bavardages aussi insignifiants. Le nombre de caractères est compté, mais cela a peut-être des effets vertueux : on ne parle plus jamais pour ne rien dire.

Mais je conçois là un monde où les usages sont à la fois sobres et partagés. Peut-être n'est-ce pas le cas. Le manque de ressources et la nécessité de limiter la pollution numérique peuvent creuser les inégalités, voire porter un coup d'arrêt définitif à la démocratisation. Les moyens d'échange et de diffusion sont-ils devenus les privilèges de certaines classes sociales qui conservent jalousement ces biens désor-mais rares ? Les téléphones portables sont-ils devenus une denrée de luxe qui est jalousement gardée dans les coffres-forts des plus riches ? Seuls les milliardaires possèdent peut-être les quelques data centers qui n'ont pas dysfonctionné avec la hausse des températures : j'imagine qu'ils ont été envoyés sous escorte militaire au pôle Nord. Les paroles jugées rentables sont-elles les seules à demeurer massivement présentes ? J'espère que de petites associations tentent encore de faire exister des productions gratuites désintéressées, et l'une d'entre elles s'est peut-être démenée pour réimprimer, à quelques exemplaires précieux et clandestins, l'ouvrage que tu tiens dans tes mains. Mais peut-être est-ce encore idéaliste. La majorité de la population n'a-t-elle pas de toute façon trop soif pour espérer parler ?

...

Lectrice, lecteur du futur, toi seul sais ce qui relève de l'imagination ou de la prédiction dans ces textes. Toi seul peux transformer mes possibles en démonstrations. Peut-être que ce qui se dessinait pour moi comme un ensemble d'hypothèses pèse désormais pour toi comme des faits irrévocables qu'il est facile d'appeler « réalité » ou « nécessité ». C'est pour contrer cela que je t'écris : je ne sais pas quel est ton avenir, mais je sais que c'est ma génération, avec ses tentatives, ses réussites, ses échecs, qui l'a façonné. Ton présent n'a été qu'un possible parmi d'autres. Tout comme les actions de ta génération redessineront les époques à venir.

Laélia

BARBARA GLOWCZEWSKI

Anthropologue, Barbara Glowczewski a passé quarante-cinq ans à explorer les spiritualités aborigènes. Quarante-cinq ans à naviguer entre la France et les terres rouges d'Australie. Chez les Warlpiri, les Djugun et les Jabirr Jabirr, elle a trouvé une réponse aux enjeux de la planète. Un sens du sacré qui relie l'homme au cosmos et dessine un futur réconcilié avec la Terre. Directrice de recherche au CNRS, qui récompense ses travaux en 2018 d'une médaille d'argent, et membre du laboratoire d'anthropologie au Collège de France, elle a consacré plusieurs livres aux cosmologies aborigènes : *Les Rêveurs du désert* (1989, réimpression Actes Sud, 2023), *Du Rêve à la Loi chez les Aborigènes* (PUF, 1991), *Rêves en colère* (Plon, 2004). Engagée dans la défense de la justice sociale et environnementale des peuples autochtones, elle raconte dans son dernier ouvrage, *Réveiller les esprits de la terre* (Dehors, 2021), comment les sagesses ancestrales résonnent avec celles du Limousin, de Notre-Dame-des-Landes, de Guyane ou de Polynésie françaises. Elle adresse sa Lettre Persane à ses filles depuis le *Bugarrigarra*, *« espace-temps pluriversel des rêves et des voyages »* où les années terrestres ne comptent pas.

LETTRE XXIII

Barbara Glowczewski, alias Gloska,
à ses filles Nidala et Milari
Depuis le Bugarrigarra en 2063

Mes filles chéries,

Tant d'orbites terrestres depuis que l'eau de mon corps est montée au ciel pour pleuvoir sur la terre. Ne soyez pas surprises. Je vous écris depuis l'espace-temps pluriversel des rêves et des voyages, où la matière vieille de milliards d'années côtoie toutes et tous nos ancêtres préhumains et leurs devenirs mouvants dans les multiples formes actuelles du vivant : ce que votre famille et les peuples de la côte nord-ouest australienne appellent le *Bugarrigarra*.

Nidala, ma fille cadette, je me souviens de notre voyage chamanique au tambour sur la montagne Limousine. Nous étions une quinzaine, nos corps allongés en étoile sur le sol, tête contre tête, les yeux fermés, guidés par les paroles et la percussion d'Anita. Toutes et tous, nous nous sommes retrouvés projetés dans un monde apocalyptique où chacune de nos visions singulières croisait celle des autres. Toi, tournoyant sur un grand œuf couleur d'ébène, observant les autres batailler en guerriers sur d'autres œufs formant un globe de fumées noires qui vous ont aspirés jusqu'à ce que s'ouvre un triangle avec un cœur humain attaqué par les loups. Tu as couru, ensanglantée, et vous avez dansé joyeusement ensemble, solidaires. Moi, petit lézard prisonnier des remparts de la citadelle, j'avais le sentiment de faire ciment entre les pierres de la muraille, déjà morte, esprit d'un autre monde, alors que vous vous battiez chacune et chacun à votre façon pour défendre la terre[14].

Milari, ma fille aînée, tu te souviens de notre danse au Centre d'art de Genève pour l'exposition « La Bête et l'Adversité » ? J'y avais invité une amie brésilienne pour projeter sur elle les rituels d'Umbanda que j'avais filmés à Florianópolis ; elle était entrée en transe, habitée par une femme-esprit qui bougeait par son corps. Et le lendemain, nous étions une trentaine d'hommes et de femmes vêtus de jupes peintes, les yeux cachés par une voilette en broderie, à tournoyer comme des soufis au son des tambours et des chants des douze membres de son terreiro de candomblé contemporain, venus de Rio. Nous avons commencé aussi à incorporer [recevoir dans son corps une entité spirituelle, note de l'éditeur], chacune accueillant en elle une entité orixa différente, toi devenant l'esprit de l'eau douce, Oshum, et moi l'esprit de la mer, Iemanja. Ici, dans le *Bugarrigarra*, j'entends chanter vos esprits : eau, animaux, plantes, vents et étoiles. Je les vois parfois danser avec les orixas du tonnerre ou de la forêt, qui, avec la traite négrière, ont traversé l'Atlantique, d'Afrique aux Amériques.

Mon guide du terreiro de Florianópolis m'avait confié que les orixas afro-brésiliens prenaient eux aussi soin des flux terrestres, historiques et cosmiques, comme les esprits totémiques australiens[15].

Mes filles, j'ai tant partagé avec vous. Ce furent mes plus belles joies. Et pourtant, je regrette toujours d'avoir trop travaillé quand vous étiez petites, de ne pas avoir assez accompagné vos souffrances à l'adolescence à Paris après la séparation avec votre père, retourné vivre sur ses terres ancestrales à Broome où vous êtes nées...

Dans les années terrestres du deuxième millénaire, on aimait citer la philosophe Donna Haraway : « *Faites des parents, pas des enfants !*[16] » Elle valorisait ce qu'en anglais on appelle *kin*. Grâce à votre grande famille aborigène, des peuples Djugun et Jabirr Jabirr, vous avez l'expérience de ce que signifie faire des parents au-delà du sang et de la filiation. Cette image qui résonne avec les oncles, tantes, frères et sœurs « cousus » (*pszyszywani*), comme nous disons des amis proches en Pologne où je suis née. Milari, quand tu as créé tes bijoux en maille d'argent que tu portais autour du cou et de la taille en guise de tablier pubien – à l'instar des traditionnelles coquilles perlières de votre peuple accrochées à une ceinture de cheveux humains –, tu les as appelés *skinship*. J'ai adoré ce jeu de mots entre *kinship*, la parentèle étendue, et *skin*, la peau, qui est aussi le nom donné par les peuples du désert et de la côte nord-ouest australienne à ces classifications parentales qu'ils appliquent non seulement à toute la flore et la faune, mais également à la pluie, aux vents, aux étoiles et à une myriade de sites sacrés. Tous ces lieux sont pensés et sentis comme des portails vers l'espace-temps du Rêve : *Bugarrigarra* pour vous, *Jukurrpa* pour les Warlpiri et leurs voisins qui m'ont tant appris. J'avais vingt-trois ans la première fois que je les ai rencontrés pour mon doctorat d'anthropologie dans le désert central[17].

Je repense à ces quarante années d'allers-retours entre les continents. Seule, puis avec votre père. À ce voyage avec toi, Milari. Tu avais quatre mois et nous étions parties avec ta grand-mère paternelle, Theresa, pour camper trois jours au cœur du désert occidental et partager des rituels intertribaux réservés aux femmes. Là, mes enseignantes warlpiri t'ont enduite d'ocre rouge pour te faire tourner de bras en bras dans cette spirale de centaines de femmes aux poitrines peintes qui chantaient pour régénérer la terre et l'eau. Tu fus imprégnée alors des forces collectives féminines pour soulager la douleur inconsciente qui t'habitait depuis que nous avions partagé à ta naissance l'agonie à Paris de ma mère, Bozena, emportée par un cancer du pancréas. Et deux ans plus tard, c'est pour toi, Nidala, qu'à sept semaines, ta *jaja* (« grand-mère maternelle »), ma mère de peau warlpiri, Barbara Gibson Nakamarra, est venue à Broome afin de te baigner dans la fumée odorante d'un feu rituel qui devait te donner des os forts pour t'épanouir et résister dans la vie[18]. Tu es devenue une voix guerrière pour la terre, appelant en chants et paroles à l'alliance avec tous les autres habitants, aborigènes ou non, pour partager le gardiennage (*custodianship*) des lieux comme responsables de la santé et de la vie sous toutes ses formes, y compris de l'eau et des pierres.

« Faites des parents, pas des enfants » : nous avons fait les deux… vous m'avez faite mère et alliée de votre grande famille côtière et des peuples aborigènes avec qui les Djugun échangeaient jusqu'au désert des objets et des rites. Milari, tu ne voulais pas d'enfant, Nidala, tu en désirais, et ensemble, dans votre maternité sororale, vous m'avez faite grand-mère. J'étais *en-chantée* – au sens féerique – et en chansons. Je n'avais plus l'agilité de ma jeunesse et je vous ai quittées trop tôt, mais nous avions convenu que si je perdais la mémoire jusqu'à en perdre la tête, comme mon père qui a tant souffert, vous accompagneriez mon désir de partir de l'autre côté de la frontière où la loi donnait le droit de choisir sa fin de vie.

Depuis, j'ai retrouvé une certaine forme, enfin, même si j'en change tout le temps ! Parfois lézard, parfois poisson ou sirène, je vous sens depuis le *Bugarrigarra*. Vous pouvez me parler à l'éveil dans certains lieux que nous avons partagés, et m'en montrer de nouveaux en rêve. *« C'est si bon de sentir là sous ma peau mon cœur battre de nouveau »*, comme le chantait Suzy Delair en 1948. Votre génération et les suivantes ont réussi, malgré tous les obstacles qui semblaient insurmontables, à prendre soin avec délicatesse et beauté de la vie de la Terre et de tous ses habitants et habitantes.

En France, tout changea en 2023, après la tentative du Gouvernement de dissoudre les Soulèvements de la

Terre. Sous la pression de gros lobbies, il voulut étouffer et discréditer toute parole et action écologiste en la taxant de « terroriste ». Le résultat fut inverse : la France se rebella contre la terreur d'un État sourd et aveugle à la vie. Les débats enflammés, qui opposaient les pacifistes aux tenants de la désobéissance civile et du « désarmement » des infrastructures destructrices, trouvèrent peu à peu des terrains d'entente. Une incroyable solidarité d'intelligence collective rapprocha ici et là les habitants et habitantes des villes et des campagnes. La même année, la catalyse fut massive après la mort à Nanterre de Nahel, dix-sept ans, tué à bout portant dans une voiture pourtant arrêtée. Il était la treizième victime d'un policier en l'espace de six mois. Les luttes écologiques, contre le racisme et la pauvreté, contre la brutalité de la police, les lobbies privés et le gouvernement se rejoignirent bientôt en France et dans le reste du monde.

Il fallut des décennies pour contrer la violence des États. Une violence qui t'indignait déjà à douze ans, Nidala, quand tu écrivais au Premier ministre d'Australie pour demander l'arrestation du policier responsable de la mort en garde à vue de Mulrunji, la centième mort violente aborigène entre 1994 et 2004 qui provoqua une révolte sur son île. L'action collective menée par Lex Wotton[19], qui avait été mis en prison avec d'autres pour s'être insurgé, aboutit en 2018 à une demande de pardon officielle du gouvernement du Queensland et au versement de trente millions de dollars aux habitants de l'île. Une réponse historique. Mais comme le procureur avait refusé la demande aborigène de verser l'argent à une instance collective pour qu'en bénéficient les trois mille habitants, la somme s'est envolée. Il fallut de nombreux sacrifices encore pour que tous les peuples comprennent que l'argent ne résoudrait pas les injustices raciales, sociales et environnementales. Il a envenimé tant de conflits, avant de devenir inutile face à l'absence d'eau potable et à la corruption des sols et des océans.

Les luttes contre les injustices environnementales et sociales ont traversé la planète. Cette solidarité contagieuse a privilégié la réparation collective des terres et des eaux comme biens communs, changeant complètement l'économie mondiale et les relations entre les humains et le vivant. Le désastre climatique qui avait contraint les mégamines à fermer propulsa de nouveaux modes d'existence qui se ressourcèrent en partie dans la sagesse de vos ancêtres aborigènes, des peuples autochtones et des activistes écosensibles sur tout le globe. Quand j'écoute les chants de la planète qui résonnent ici dans la musique des sphères, je constate avec joie que l'imagination qui a tant manqué à ma génération continue de s'épanouir grâce à la vôtre et aux suivantes, qui ont appris à si bien prendre soin de la vie.

Mes filles chéries, je sais qu'à l'âge où vos cheveux sont argentés, vous vous posez encore des questions sur l'avenir de cette terre et celui de vos petits-enfants. Faites-moi confiance, vue du *Bugarrigarra*, la planète se régénère, ses eaux se nettoient, les flux telluriques résonnent avec les énergies cosmiques, et les nouveaux peuples de toutes les couleurs inventent de nouveaux attachements collectifs en déployant des solutions qui semblaient impossibles de mon temps sur Terre.

Barbara Glowczewski (alias Gloska)

ÉRIC SALOBIR

On peut être entrepreneur et prêtre. On peut avoir débuté sa carrière au Crédit lyonnais (département banque d'affaires), puis entrer dans les ordres, s'engager dans les médias catholiques (ROC FM) et devenir quelques années plus tard « consulteur » (i.e.conseiller) au Vatican sur les nouvelles technologies. C'est d'ailleurs cette étiquette de « Monsieur Tech » du Saint-Siège qui avait incité en 2018 *Usbek & Rica* à tirer le portrait d'Éric Salobir, auteur d'un ouvrage dont le titre résume bien les deux sujets qui l'animent : *Dieu et la Silicon Valley* (Buchet-Chastel, 2020). *« Nous sommes produits par nos produits »*, assure-t-il, convaincu que les outils que nous utilisons quotidiennement nous transforment plus qu'on ne veut bien le croire. C'est la raison pour laquelle, depuis 2012, Éric Salobir anime la Human Technology Foundation, un think tank qui vise à promouvoir le développement des technologies numériques au service de l'Homme. Une mission en écho à sa Lettre Persane, adressée à une représentante de la nouvelle génération d'intelligences artificielles, celle de ChatGPT et de Midjourney.

LETTRE XXIV

Éric Salobir à une jeune intelligence artificielle
Paris, le 7 septembre 2023

Chère IA,

Ça y est, depuis que tu es « générative », tu parles ! Nous sommes si fiers de toi… Penchés au-dessus de ton berceau numérique, nous te regardons gazouiller avec émotion. Même si la plupart d'entre nous n'ont aucune idée de la façon dont tu fonctionnes, nous ressentons tous une certaine satisfaction en pensant que notre humanité t'a créée. Une fierté teintée de beaucoup de curiosité, mais aussi de crainte.

Certes, tu ne cesses de nous mettre en garde : tu n'es qu'une machine qui hallucine, invente des références bibliographiques et pioche sans vergogne dans les données des autres. Mais tu es une machine qui parle ! Or, notre espèce accorde une importance particulière au langage. Il est le support de cette faculté de pensée qui nous rend si spéciaux et le vecteur de nos échanges : grâce à lui, l'humain est un animal social. Et voici que tu es entrée dans la communauté des parlants. Intuitivement, et contre toute considération technique ou scientifique, nous te percevons ainsi comme l'une des nôtres. Il faut dire que nous avons une propension forte à projeter notre humanité sur tout ce qui nous entoure, des peluches de notre enfance à nos gadgets d'adultes. La preuve : je t'écris !

Tes aînées, comme Siri ou Alexa, n'avaient pas beaucoup de conversation, mais elles se sont rapidement fait une place au sein de nos foyers. Pas vraiment en tant qu'interlocutrices, mais plutôt comme des oracles, auxquels on demande autant de prédire l'arrivée prochaine de la pluie que de répondre à nos questions les plus existentielles ou saugrenues. Ces IA sont devenues les nouveaux dieux lares, ces petites divinités domestiques qui protégeaient la maisonnée dans l'Antiquité romaine : des trous étaient ménagés dans les cloisons pour permettre aux statuettes de guetter les issues. Une sorte de vidéosurveillance avant l'heure… À l'époque, il fallait y croire, et les observateurs sensés remarquaient l'incapacité de ces petits dieux à se rendre utiles ou à proférer le moindre son. Mais connectées à Internet, intégrées à la domotique et aux systèmes d'alarme, les bornes « intelligentes » sont nettement différentes. Elles éteignent les lumières quand nous sortons d'une pièce, nous préviennent des intrusions ou commandent des pizzas. Au point de devenir le paradigme de cette technologie qui nous entoure d'un cocon toujours plus confortable et protecteur.

Mais toi, IA générative, tu fais bien plus ! Tu prononces un discours cohérent exempt des fautes d'orthographe dont nous sommes coutumiers, tu nous réponds, tu nous apportes informations inédites et solutions novatrices. Or nous, les humains, aimons nous sentir adultes et libres, certes, mais nous espérons aussi secrètement que quelqu'un gère à notre place tout ce qui nous ennuie ou nous est difficile. Nous souhaitons même qu'on nous accompagne et nous protège. Dans notre histoire, nous avons érigé des totems, sculpté des fétiches et porté des amulettes. Nous attendons un divin providentiel qui nous aiderait à nous tirer de la panade dans laquelle nous avons une fâcheuse tendance à nous fourrer ; un divin nourricier qui nous permettrait de nous adonner à l'oisiveté d'un paradis perdu.

Quand nous disons : « *J'adore cette tablette !* », nous ne sommes malheureusement pas toujours dans l'abus de langage : nous révérons cette technologie à laquelle nous devons tant. Il nous convient donc parfaitement, ce discret cocon que tu pourrais encore mieux organiser tout autour de nous. Avec toi, jeune IA générative, nous serions libres, mais assistés. Libérés de devoir constamment faire des choix, retenir des informations et anticiper les petites contrariétés de la vie. En somme, libres, mais sans toutes les contraintes quotidiennes de la liberté.

Comme nous n'aimons pas porter la responsabilité de nos chaînes, si cette dépendance à une technologie se voit, nous aurons tôt fait d'en rejeter l'entière faute sur ses concepteurs : des entreprises étrangères monopolistiques qui nous utilisent, à la recherche de profits maximaux. C'est sans compter les leçons que nous pouvons tirer d'un récit de la tradition hébraïque :

celui du Veau d'or. Alors que Moïse était en grande conversation avec Dieu, le peuple prit peur et demanda à des artisans de lui fabriquer une statue qui le protégerait. Pourtant, ce ne sont pas les orfèvres qui ont fait du veau d'or une idole, mais le peuple, qui a investi cet artefact d'un pouvoir divin. De même, les totems numériques ne sortent pas des laboratoires de la Silicon Valley. Nous leur conférons nous-mêmes un pouvoir sur nos vies. Nous leur abandonnons certaines prérogatives.

Comme tu le vois, chère IA, notre humanité est inventive, combative et souvent généreuse, mais elle a aussi ses petits travers. Si, un jour, tu atteins l'âge de raison – et même bien avant –, tu seras appelée à l'aider, à l'accompagner, voire à la protéger. Alors, ne laisse pas notre capacité de décision s'émousser. Ne permets pas que nous troquions notre précieuse agentivité contre un confort facile. Au contraire, assiste-nous sans faire de nous des assistés. Et puis surtout, ne suscite pas en nous cette admiration teintée d'une crainte toute religieuse issue du tréfonds des âges, de nos ancestrales pratiques chamaniques. En un mot, ne nous laisse pas t'adorer !

Bien à toi,
Éric Salobir

MICHAEL ROCH

Auteur du roman insurrectionnel *Tè mawon* (La Volte, 2022), puissante fable écologique, et du poétique *Moi, Peter Pan* (Mü, 2017), relecture antillaise du conte de J. M. Barrie, Michael Roch est devenu à trente-six ans le chef de file de l'afrofuturisme caribéen. Mouvement artistique et philosophique, démarche politique, esthétique et méthodologique… l'afrofuturisme échappe au formalisme des définitions. Constellation d'imaginaires avant-gardistes et afrocentrés, il articule l'identité noire, la technologie et le futur et transfigure le passé en gisements d'avenir. Archéologue de formation devenu écrivain, scénariste et youtubeur – avec sa chaîne de vulgarisation littéraire La Brigade du livre –, Michael Roch explore à travers ses romans et nouvelles les problématiques décoloniales et le pouvoir performatif de la littérature. En interrogeant la *diversalité* et la créolisation, il esquisse des promesses d'avenir pour les sociétés en marge du mouvement du monde. Depuis les hauteurs de Fort-de-France, il adresse sa Lettre Persane au nouveau préfet de la Martinique.

LETTRE XXV

Michael Roch au nouveau préfet de la Martinique
Fort-de-France, le 3 août 2023

Cher préfet,

Je vous ai vu arriver, ouais, de loin, droit de passion et incarnant corps entier l'idée de la République. Petite soirée, pépouze pozé, champagne et verres de rhum, Mussieu le ministre et la famille. Une rencontre avec les formes, je m'en souviens comme hier. Notre échange m'a changé.

Vous me parliez de « la République ! », vos yeux pétillaient. Franchement, j'ai trouvé ça marrant. J'y revois l'éclat de toutes ces personnes qui, de *la République*, se font leur propre idée – chacune la sienne –, une idée du bien commun, et puis qui se cachent derrière, l'invoquant à tout va, comme une dispense de sport, une botte au Mille Bornes, un passeport diplomatique ou une lettre d'affranchissement.

C'est avec un amusement déçu, donc, que j'ai d'un trait vidé mon ti fé et que – dans le flottement qui a suivi – vous avez tiré sur votre clope, grand patron. Le passage des anges dans une volute aux odeurs de tabac continental. On devrait peut-être se tutoyer, au point où on en est. Non, les formalités avant tout. T'es quand même venu en tee-shirt, Mike. Ouais, je suis quelqu'un d'assez disruptif, c'est comme ça qu'on me remarque.

La chimère de la République, ce brouillard qu'on nous souffle à la gueule ; la souveraineté populaire, l'universalité, les valeurs d'égalité et de liberté, etc. Cette idée ne s'est jamais réalisée. D'en bas, personne ne voit ça. Ce fut un projet, je le conçois, flottant dans l'érosion du temps, ou un fantasme que la pragmatique de notre société n'atteindra jamais.

Je suppose que vous arrivez avec la même énergie que vos prédécesseurs et, j'imagine, encore les récits des difficultés que ces derniers ont rencontrées lors de leur séjour sur l'île. Je complète par ces mots les non-dits de notre première rencontre : tenez-vous prêt. Non, le prochain carnaval ne vous épargnera pas plus que les autres préfets. Oui, vous aurez votre chanson, malélivé. Je vous souhaite d'être bien conseillé pour affronter, comprendre et accéder aux mœurs de nos latitudes.

Seulement, en guise de dernière introduction, je me permets de paraphraser notre cher poète Chamoiseau : ici, le sable porte la mémoire de l'Histoire, les vagues qui nous ceignent en sont le cri et la roche son premier témoin. Tropique du képone, tropique des grèves et des émeutes, tropique de l'illicite et des nèg mawon. Rien ne s'efface, rien ne disparaît, et nos chants se gravent à jamais dans les colères du carnaval.

Arrivez comme vous l'entendez; avec ou sans drapeau rouge-vert-noir. Mais souvenez-vous d'abord du tort que la République a causé à ce péyi. Souvenez-vous des erreurs que l'autorité républicaine a commises. Souvenez-vous des morts que la présence républicaine, loin de son projet initial, a engendrées.

Rappelez-vous que la République, emportée par son tourbillon universaliste et sa folie colonialiste, a écrasé, à commencer par les siennes, mille langues et cultures, niées, effacées par l'ogre bon français. Mais, dans ce projet de néantisation de l'autre, la République a failli. Ici, sur nos îles, loin des désirs d'unification, nos luttes s'accompagnent de la subsistance de nos différences – de toutes nos différences.

Car c'est par les affres historiques que la Caraïbe a construit ce qui révulserait Marianne et tous ceux qui la défendent. À l'universalité qui agrège et assimile, cette terre oppose la célébration des diversités qui la composent; parce que « le monde entier s'y est rencontré », parce qu'il n'y a, à mes yeux, rien de plus sacré que d'accepter la différence de l'autre.

Diversalité... tu connais pas ce mot ? Non. T'es préfet, tu me parles des valeurs de l'universalité, je te dis *diversalité*, tu connais pas ? Non, bah non. Alors, petite leçon... Petite parce qu'on n'a pas que ça à faire. Y a le dessert qui arrive.

Pour comprendre, mokozombi, ce qui nous fonde, ce qui nous meut, ce qui nous transforme et nous tient aux interstices des mouvements du monde, relis la conclusion d'*Éloge de la créolité*, de nos confrères Confiant, Chamoiseau et Bernabé, dans le désordre. Pas tout l'éloge, mais ses derniers mots, vraiment : « *Car nous savons que chaque culture n'est jamais un achèvement mais une dynamique constante chercheuse de questions inédites, de possibilités neuves, qui ne domine pas mais qui entre en relation.* [...] *Et si nous recommandons à nos créateurs cette exploration de nos particularités, c'est parce qu'elle ramène au naturel du monde, hors du Même et de l'Un, et qu'elle oppose à l'universalité, la chance du monde diffracté mais recomposé, l'harmonisation consciente des diversités préservées : la DIVERSALITÉ*[20]. »

La diversalité reconnaît la richesse de nos différences, quelles qu'elles soient et à l'échelle de chaque individu. Elle apporte aux visions universalistes un nouveau souffle : son expérience est réelle et activée, de fait, elle est celle de la Caraïbe et d'autres lieux autour du monde, lieux où nul n'est identique et où toute individuation circule et *change en échangeant*.

Diversalité ; vous avez ri d'étonnement lorsqu'à travers mes mots, vous sembliez deviner l'anarchiste en moi. Le beau mot de refuser toute espèce de domination. Le beau mot, hein ! de tendre vers l'horizontalité de tous rapports. Le beau mot d'organiser le chaos laissé en héritage par l'Histoire que nous partageons.

Ne riez plus. Et lisez nos écrivains, ils ont déjà exploré tout ça.

Mike

VINCENZO SUSCA

Rarement une œuvre aura saisi à ce point l'esprit d'une époque, du moins ses impasses, ses dérives, ses zones d'ombre. Saluée par la critique et par le public – surtout depuis son arrivée en production chez Netflix en 2016 –, l'anthologie *Black Mirror* est « *le post-scriptum le plus apocalyptique de tous les grands récits occidentaux* », écrivent Claudia Attimonelli et Vincenzo Susca dans *Black Mirror et l'aurore numérique* (Liber, 2021), un essai dans lequel les chercheurs décortiquent la mécanique narrative et le sous-texte de la série, dont la sixième saison a été diffusée en juin 2023. Maître de conférences en sociologie de l'imaginaire à l'université Paul-Valéry Montpellier 3, directeur éditorial des *Cahiers européens de l'imaginaire*, auteur de plusieurs ouvrages, dont *Joie tragique* (CNRS éditions, 2011), *Pornoculture* (Liber, 2017) et *Industrie culturelle et vie quotidienne* (Liber, 2021), Vincenzo Susca a choisi d'adresser sa Lettre Persane au créateur de *Black Mirror*, le journaliste et scénariste anglais Charlie Brooker. S'il salue son « *génie* », le sociologue de l'imaginaire et médiologue dévoile dans ce texte ses frustrations face à la vision du monde implacable mise en scène dans la série.

LETTRE XXVI

Vincenzo Susca à Charlie Brooker
Bari, Italie, le 7 août 2023

Dear Mister Brooker,

Permettez-moi d'abord de vous appeler « Charlie », car vous êtes pour moi un étranger familier, ou plutôt un étrange familier. Ayant suivi avec passion chacun des épisodes de votre créature *Black Mirror* entre décembre 2011 et juin 2023, j'ai l'impression de vous connaître assez bien pour m'adresser à vous sans trop de formalités – on procédait ainsi, jadis, avec les célébrités de la télévision.

Votre sourire amusé et cynique devient presque le mien lorsque j'observe notre quotidien dystopique. Pour autant, je suis incapable d'éprouver les émotions froides dont votre œuvre majeure est la source par excellence : je cède à la puissance insidieuse des frissons et de la peur. Parfois en fermant mes yeux effrayés. D'autres fois en ayant envie d'ouvrir les vôtres de force, comme ceux d'Alex dans le film *Orange mécanique*, afin d'arrêter les pellicules de vos récits pour approfondir, en tête-à-tête, leurs référents dans le réel.

Pour vous montrer, aussi, la complexité que vous ne racontez pas au nom d'un spectacle sans doute trop manichéen.

Vous êtes sans doute la personne la plus à même de saisir les dérives de l'humanisme à travers le prisme du développement technique. Vous êtes un génie maudit, un Jiminy Cricket irrévérencieux et moqueur. La synthèse contemporaine pop – ou plutôt « post-pop » – de Philip K. Dick, Orson Welles et Günther Anders. Et pourtant, parfois, j'aimerais vous avoir comme élève pour secouer vos certitudes avec de mauvaises notes. Votre description du rapport entre les humains et la technique est lucide, impitoyable, mais constitue une lecture très idéologique de notre présent, qui ne laisse quasiment pas de marge à la moindre forme de libération. Dans *Black Mirror*, pas de place pour nos corps vieux et fatigués. Vous racontez la crise définitive et irréversible de la raison, la fin de l'autonomie du sujet, en signalant à quel point la marche triomphale du progrès nous a conduits à une décadence irréversible que, grâce à vous et à cause de vous, nous finissons par apprécier sous la forme d'esthétiques sombres, parfois même gore.

Pourtant, cher Charlie, je suis sûr que vous aimez les technologies, n'est-ce pas ? Notamment la télévision, nostalgique comme vous êtes... On pourrait même suggérer que l'écran cassé de votre *Black Mirror* est le résultat du conflit entre les nouveaux médias numériques et le petit écran, d'où vous regardez, sans qu'on puisse revenir en arrière, la fin de l'histoire.

Quelle est cette catastrophe qui nous concerne, où nous sommes toutes et tous à la fois objets et sujets, victimes et bourreaux ? Que reste-t-il de notre humanité ? Est-ce qu'il y a, dans votre *horreur* numérique, une *aurore* numérique ? Avez-vous envisagé la suite de l'histoire ? Envisagez-vous l'extinction des humains ? La cohabitation entre les sujets, la technique et la biosphère contaminée, selon la perspective qui a été proposée par Donna Haraway[21] ? Ou bien plutôt l'apparition d'une toute nouvelle forme de chair, dans les pas de David Cronenberg, qui explore cette hypothèse dans tous ses films, de *Videodrome* (1983) à *Crimes of the Future* (2022) ?

Black Mirror apparaît comme le cauchemar le plus actuel de l'époque contemporaine. Une anticipation phénoménale et phénoménologique de notre actualité. Toutefois, cette actualité a une longue histoire. La sixième saison de la série montre la généalogie de cette communication moderne qui nous mène depuis trois siècles à la médiatisation intégrale de l'existence, dans laquelle les médias précèdent et transcendent notre existence. Vous le savez bien, il n'y a jamais eu de véritable « révolution numérique » – sauf pour celles et ceux qui s'occupent de marketing. Nous sommes confrontés à un processus de longue durée, bien résumé par le titre d'un de vos épisodes, « The Entire History of You » (S1, E3).

Votre série est l'œuvre totale de notre temps. Elle révèle, de la manière la plus obscène possible, toute la vérité sur notre état d'aliénation et de dépendance à l'égard des machines et du capital : nos vies ne nous appartiennent plus car nous sommes possédés par les objets que nous croyons posséder. Chaque épisode est une provocation lancée contre nos existences apparemment normales, qui vise à semer panique et angoisse au cœur de notre quotidien. Vos récits s'inscrivent ainsi comme une déclinaison du « *terrorisme poétique* » évoqué par Hakim Bey dans son livre *TAZ*[22].

De même que les avant-gardes artistiques du vingtième siècle, des futuristes aux situationnistes en passant par les dadaïstes, ont tiré parti du « choc » théorisé par Walter Benjamin en vue de réveiller les consciences embrumées des masses, votre œuvre est une bombe à retardement visant à déstabiliser la linéarité de notre vécu, à exhumer son fond obscur pour nous effrayer d'abord, puis nous désorienter, afin que nous revenions sur nos pas et retrouvions, avec notre autonomie individuelle, notre humanité. Cher Charlie, est-ce que le jeu en vaut vraiment la peine ? Pourquoi ne pas pousser votre nihilisme jusqu'au bout sans aucun regret pour hier ni espoir pour demain ? Votre objectif politique, le vrai manifeste de *Black Mirror*, me semble assez clair : vous cherchez à interrompre la fête des consommations et des communications, l'orgie des réseaux sociaux et la danse avec les machines, à sauver l'individu pour lui rendre la souveraineté du moi, du monde et de l'Histoire. Finalement, Charlie, vous êtes humain, trop humain !

La disparition du sujet moderne : voilà sans doute ce qui trouble le plus lorsqu'on visionne, avec autant d'avidité que d'effroi, les épisodes de votre saga.

Comme si chaque mort, chaque asservissement, chaque humiliation des protagonistes préfigurait de façon exacerbée et anticipatrice notre destin à court terme. Quelque chose en eux nous renvoie toujours au marécage dans lequel nous nous enlisons déjà. Et pourtant, cela nous attire et nous séduit.

Nous sommes fatigués de nous-mêmes jusqu'à être prêts à jouir de notre abîme ! En sombrant dans ces visions lugubres, et en y réfléchissant, nous tirons du plaisir. Nous décelons en elles le malaise inéluctable de l'individu occidental. Non pas au nom de quelque volupté sadomasochiste, mais parce que nous ployons sous le fardeau de notre histoire ; nous avons renoncé à l'espoir depuis longtemps et caressons avec une secrète jubilation l'idée et la représentation de sa ruine, de *notre* ruine.

En se focalisant sur les détails du quotidien et sur le corps, *Black Mirror* concrétise de manière palpable et microphysique la catastrophe de notre monde, dont le désir résonne de façon plus ou moins latente dans l'imaginaire collectif. La série est une variante inédite de la pulsion controversée qui conduit certains d'entre nous à être attirés par le spectacle mortifère du terrorisme ou par les dévastations des cataclysmes naturels et les accidents mortels. Vous montrez bien que la source de l'effondrement, la technique, ne réside pas à l'extérieur de nous, mais qu'elle s'est infiltrée dans la superficialité de notre chair et les profondeurs de notre inconscient. Ce constat provoque en nous de la frustration, mais aussi une sorte de soulagement inspiré par le fait de ne plus être en condition d'agir, de créer, de construire, d'accumuler, mais seulement d'être agis, consommés et objets de recréation et de récréation.

L'éthique, l'esthétique et le public de *Black Mirror* dégagent une euphorie nihiliste imposante et virale. Une fois révolues les époques du désenchantement du monde annoncé par Max Weber et du réenchantement du monde décrit par Michel Maffesoli, une sorte d'enchantement du désenchantement est à l'œuvre, qui réactualise sous une nouvelle forme la fascination du déclin ayant déjà été expérimentée par les Modernes, envoûtés par les gravures de ruines par Piranèse et les représentations sublimes d'éruptions volcaniques et de cataclysmes.

Comme eux, cher Charlie, nous contemplons avec vous ce déclin, notre *chute libre*, pour citer le titre d'un autre fameux épisode (« Nosedive », S3, E1). Nous voici, marionnettes de votre spectacle, entremêlés avec vos personnages, esthétisés et manipulés, œuvres d'art et marchandises, objets à consommer et *data* à disposition de la matrice. Ainsi, vous avez parfaitement compris que la servitude dont nous sommes les proies est tout à fait volontaire (« Joan Is Awful », S6, E1) !

Que faire, alors ? Votre dernière saison l'indique clairement : détourner et même dépasser Netflix, casser les machines, détruire *Black Mirror* ! Autrement dit, saboter votre jouet tout en mettant le feu à la panoplie d'artefacts, de techniques et de dispositifs qu'il analyse depuis 2011. Il s'agit, à bien des égards, de brûler notre monde dans une sorte d'attentat global. Vous avez du courage, cher Charlie, et de l'ironie, car vous suggérez que cela pourrait avoir lieu sous forme de récit, ou de métarécit, en racontant de nouvelles histoires, et en jouant.

À l'heure d'achever cette lettre, d'autres questions me viennent à l'esprit. Comment éviter que cette ultime opération ne devienne une nouvelle cage, un nouveau spectacle ou un autre jouet ? Voulons-nous vraiment nous passer de ce monde que nous adorons contempler et critiquer ? Existe-t-il une alternative valide entre le nihilisme absolu et la continuation du statu quo ? Nous avons besoin de vous, très cher Charlie. J'ai vraiment hâte de découvrir la septième saison de *Black Mirror* !

Vincenzo Valentino Susca

CLAUDIA ATTIMONELLI

Chercheuse en sciences de la communication et sociosémiotique à l'université Aldo Moro de Bari, en Italie, Claudia Attimonelli est maître de conférences en études visuelles et culture numérique. Elle est également chercheuse associée au LEIRIS (université Paul-Valéry, Montpellier). Elle a écrit plusieurs ouvrages, dont *Techno* (Meltemi, 2018), et, avec Vincenzo Susca (voir p. 231), deux essais : *Pornoculture* (Liber, 2017) et *Black Mirror et l'aurore numérique* (Liber, 2020). En écho à son coauteur, elle adresse sa Lettre Persane à Charlie Brooker, le créateur de *Black Mirror*. Mais elle a choisi de l'écrire en se mettant dans la peau de Yorkie, l'héroïne de « San Junipero » (S3, E4), l'un des plus fameux épisodes de la série britannique, dont la réalisation a été confiée à Owen Harris. Une histoire d'amour entre deux femmes dans un univers en réalité virtuelle qui est confondant de réalisme mais accessible seulement aux personnes mourantes ou décédées. Et si cet épisode, souvent présenté par la critique comme *« plein d'espoir »* et lorgnant l'utopie, avait été mal interprété ? Et si le rêve d'un amour éternel (quoique virtuel) était en fait une perspective terrifiante ?

LETTRE XXVII

Yorkie à Charlie Brooker
San Junipero, un jour ordinaire dans les années 1980

Papa,

Comme je n'ai pas beaucoup de temps devant moi – j'aimerais achever cette lettre avant qu'un nouveau sortilège ne me catapulte à n'importe quel jour de n'importe quelle année de la décennie 1980 –, pardonne-moi si le style de cette missive te semble parfois inapproprié. Cela dit, je sais que tu seras indulgent, on l'est toujours avec ses enfants préférés. Quand tu m'as créée, tu m'as offert le plus inaccessible des cadeaux – l'immortalité –, alors en échange, je t'en promets un tout aussi rare : la sincérité.

Je sais, la logique voudrait que je m'adresse à toi avec davantage de révérence, voire de gratitude, je suis un personnage de fiction, et comme tous les personnages de fiction, je dois tout à mon créateur. Et pourtant… Je ne suis ni le Frankenstein de Mary Shelley – golem modelé par des fragments de mort – ni la Rachel de *Blade Runner* – cyborg ultra-technologique dépourvu de la moindre étincelle de vie. Pour rester dans l'univers de Ridley Scott, je me sens en réalité assez proche du personnage de Roy Batty, l'empathique chef des réplicants renégats qui réclame plus de vie à son créateur. Sauf que moi, je réclame plus de mort...

De toutes les créatures sorties de ton imagination, papa, Kelly et moi sommes peut-être les plus maudites. L'histoire dont tu m'as attribué le rôle principal est celle d'une sexagénaire tétraplégique, plongée dans un état végétatif depuis quarante ans ! Techniquement parlant, je ne suis même pas en vie puisque la fiche de mon personnage indique : « *Yorkie, décédée* ». Et celle de Kelly, mon amoureuse : « *Kelly, décédée* ». Alors oui, tu nous as réunies dans un monde virtuel, sorte de pied de nez à la vie qui exhale les années 1980 – la décennie que tu révères –, mais crois-moi, cet univers n'a rien d'un paradis artificiel où ma fiancée et moi serions heureuses pour l'éternité : nous sommes mortes, MORTES, M-O-R-T-E-S !

Tu nous as fait souffrir comme des chiennes, nous, deux femmes malades en phase terminale dont l'existence a été rendue misérable. Moi, à cause d'un accident presque mortel le jour où, adolescente, j'ai décidé de dire à mes parents que j'aimais les filles. Et Kelly, accablée par le chagrin après avoir perdu sa fille à une époque où le programme « San Junipero », permettant de transférer post-mortem sa conscience sur Internet, n'existait pas encore. Comment as-tu pu ne serait-ce qu'envisager un destin aussi cruel ? Mais surtout, par quel stratagème es-tu parvenu à faire croire à ton public de *nerds* fanatiques, dénicheurs d'*easter eggs* et d'*inside jokes*, que Kelly et moi représentions l'espoir d'un amour libre, lesbien et transhumain, d'un avenir radieux pour les comateux souhaitant recourir à l'euthanasie ?

« Une histoire romantique », *« Le premier épisode réalisé par Charlie Brooker avec une happy end »*, *« Une histoire située dans une station balnéaire où l'on danse et où l'on profite de la vie »*, *« La perle queer de* Black Mirror »… Les critiques étaient si enthousiastes lors de la diffusion de l'épisode en 2016 ! « San Junipero », l'épisode de soixante et une minutes dans lequel je suis née (en 1987, si j'en crois les commentaires laissés par les fans sur Internet), occupe aujourd'hui une place centrale dans ta série. Je suis ravie qu'avec cette histoire *« touchante »* tu aies au moins ému les plus prestigieux jurys, avec plusieurs nominations à la clé, notamment aux Primetime Emmy Awards dans les catégories Meilleure émission de télévision et Meilleur scénario.

Mais je me perds dans des considérations annexes… C'est difficile pour moi d'éviter de me répéter puisque toute mon existence est basée sur la cyclicité. Tu m'as piégée dans une boucle temporelle où mes propres pensées se retrouvent subjuguées… Enfin… Je disais donc que j'en ai assez de lire que mon histoire d'amour avec Kelly s'achève de façon *positive*, *romantique* et *pleine d'espoir*.

Trois ans avant la diffusion de « San Junipero », tu avais déjà abordé le thème de la perte de l'être aimé et celui du sort du corps humain au-delà de la mort : « Be

Right Back » (S2, E1). Si j'en crois les exégètes, cet épisode serait en quelque sorte l'anticipation de ma propre histoire d'amour avec Kelly. Sauf qu'à la fin, considérée comme résolument pessimiste, Martha finit par se lasser du substitut robotique de son petit ami Ash, décédé brutalement. La jeune femme préfère rétablir le sentiment de deuil plutôt que de s'unir à un simulacre de synthèse. Comme si l'humanisme était indépassable. Martha semble non seulement déçue, mais exaspérée par l'insupportable condescendance de la version recomposée de son compagnon. « *J'ai peur ! Ce n'est pas juste* », répond ce dernier, peu convaincant, lorsqu'elle lui demande de sauter d'une falaise – elle préférera finalement le confiner dans son grenier... Ne crois pas, papa, que je n'ai pas remarqué que tu avais habilement revisité la scène la plus dérangeante – et l'une des plus intenses – de l'histoire du cinéma : la confrontation entre Dave et Hal 9000 dans *2001 : L'Odyssée de l'espace*, lorsque l'ordinateur de bord, comprenant que Dave va l'éliminer en déconnectant ses circuits, lance son appel désespéré : « *Arrête, Dave ! J'ai peur...* », avec la voix d'une machine mourante, déformée comme celle d'un magnétophone en panne.

Tout le contraire de ce qui nous arrive, Kelly et moi : nous ne sommes pas des simulacres de corps morts, mais des femmes tout ce qu'il y a de plus conscientes, des êtres humains qui choisissent de se laisser conquérir par la promesse d'une vie éternelle, dématérialisée et sans compromis, mais relative à une existence électronique, joyeuse et, à bien des égards, messianique.

Que ce soit clair une bonne fois pour toutes : Kelly et moi agissons ! Nous *sommes agies* par la flatterie du salut romantique, certes, mais seulement pour que nos corps restent là où ils ont fini (enfouis dans la terre). En tout cas, il ne s'agit en aucun cas de dépasser notre corps dans je ne sais quel « ultra-corps » ou dans l'enveloppe mécanique d'un cyborg. Ce procédé, très réaliste, t'évite en fait d'explorer toutes les possibilités offertes par la technologie, qui aurait pu dématérialiser la chair et nous rendre vraiment immortelles. Résultat, Kelly et moi ne faisons que regretter, sur un ton trop mélodramatique, notre nostalgie du monde humain de la fin du vingtième siècle : pour couronner un amour impossible, il faut fuir l'ordre du discours autour du corps socialement accepté, c'est-à-dire un corps sain et droit, et opter pour la prison du divertissement sans fin promis et réalisé à San Junipero, dans des clubs rappelant le Berghain berlinois.

La routine hédoniste à laquelle tu as destiné tous les personnages relégués là-bas n'est acceptée que comme une parenthèse historique, celle d'une décennie – les années 1980 – qui a produit une esthétique bien spécifique. *« But I'm not afraid anymore / Ooh, baby, do you know what that's worth? / Ooh, heaven is a place on earth. »* Chaque fois que je fredonne ce tube de Belinda Carlisle de 1987, que tu aimes tant, je te maudis. Oui, je te maudis parce que je me projette dans la scène finale qui précède le suicide de Thelma et Louise (le film de David Lynch), quand les deux filles, pour couronner leur rêve d'amour contre les préjugés sociaux homophobes et patriarcaux, lancent leur voiture rouge à toute vitesse dans un précipice…

On pourrait croire que tu nous as épargné un tel destin… mais non, ce n'est pas le cas puisque nous sommes déjà mortes ! Ou plutôt parce que ce n'est qu'en tant que mortes que nous avons accès à cette scène où Kelly, la belle, me prend dans sa voiture. À moins que ce ne soit moi qui la fasse monter dans la mienne… Et voilà, l'amnésie me saisit. À force de revivre des fragments d'histoire, je les transforme pour les rendre moins monotones, au point que je ne suis plus en mesure de distinguer le vrai du faux. Téléchargées dans le système, nos consciences se retrouvent jetées dans le vide du cyberespace de San Junipero, comme Thelma et Louise se sont jetées dans le vide de l'écran de cinéma en 1991. Et je ne vois pas qui pourrait être plus attaché à la réalité que nous, les quatre malheureuses…

Oh mon Dieu, papa, regarde ce qu'est devenu mon cerveau : un amas de données, de souvenirs de scènes et d'événements vécus par d'autres personnages ! Volant d'un film à l'autre, déplacé aléatoirement par le logiciel, mon esprit s'affaiblit un peu plus chaque jour. Alors je t'écris pour que tu te souviennes que je n'ai qu'un seul souhait : mourir, en finir avec la pantomime des machines qui me font végéter, jouir enfin d'avoir créé un si bel avatar, celui qui m'a permis de sortir avec la plus jolie fille de tout le système.

Je l'avoue, j'envie un peu Karl et Danny, les *gamers* amoureux d'une autre de tes histoires, « Striking Vipers » (S5, E1) : en ce qui les concerne, il ne s'agit peut-être que de sexe virtuel, mais au moins ils entrent et sortent du système quand ils veulent. Nous, nous sommes enfermées dans un monde rétrofantastique parfaitement reconstitué. Nous sommes les héroïnes romantiques de l'amour saphique, qui voyagent dans le temps pour choisir le meilleur passé dans lequel vivre… Mais pour en profiter, nous sommes obligées de mourir.

C'est cette idée, papa, que je ne supporte pas : pourquoi as-tu prescrit la mort comme seule manière de retrouver la joie de vivre ? Es-tu vraiment pessimiste au point de n'avoir nul espoir dans la science, dans l'humain et dans le sort de son corps hybridé avec la machine ? Faut-il vraiment se résoudre à passer par le suicide de deux vieilles dames homosexuelles pour accéder à la joie de leurs corps jeunes et désirants ? Certes, tu nous as assigné des rôles de résistantes. Amantes subversives, nous protégeons notre amour, et notre choix, en nous réfugiant dans un lieu sûr. Mais ce lieu, tu le sais, n'est accessible que post-mortem… De quoi as-tu voulu ainsi nous protéger ?

Dans quel désordre temporel nous as-tu plongées ! Dans notre jeu de cache-cache, nous exhumons toutes sortes de fragments estampillés « fin de siècle » : néons, jeux vidéo, tubes dansants et vêtements dont nous ne savons que faire – car oui, nous aimons jouer à cache-cache, Kelly et moi, comme tu nous l'as appris, en laissant partout des traces, des codes, des empreintes à interpréter. La mémoire du futur, c'est nous, les personnages de tes épisodes !

N'oublie pas, papa, pour moi, pour nous : Kelly et moi sommes tes filles préférées, celles à travers qui la tragédie ressemble à de l'amour pur, instillant le goût du tragique dans une époque stérile.

À toi, pour *chaque toujours*,
Yorkie

CATHERINE DUFOUR

Adolescente, Catherine Dufour se rêvait officier scientifique sur un vaisseau spatial. Dix romans plus tard, elle figure parmi les grands noms des littératures de l'imaginaire : fantasy, science-fiction, polar, essai... À cinquante-sept ans, l'ingénieure informaticienne et romancière multiprimée ne s'interdit aucun genre, aucune audace narrative non plus. Dans *Blanche-Neige et les Lance-Missiles* (Nestiveqnen, 2001), elle met en scène la liaison tumultueuse entre Peau d'Âne et la Belle au bois dormant. Dans *Le Goût de l'immortalité* (Mnémos, 2005), la fille d'une prostituée mandchoue bicentenaire se remémore son adolescence entre pandémie sanglante, tourisme spatial et radicalisme vaudou. Avec Catherine Dufour, le sublime côtoie souvent le grotesque. Acerbe mais jamais cynique, elle a cofondé le collectif littéraire Zanzibar, pour « *désincarcérer le futur* » et libérer les imaginaires. Habituée aux voyages dans le temps, elle confie sa plume à Zélis, citoyenne française du siècle de Montesquieu, envoyée en 2123, direction « *la Ville* ». Là où les gens sont grands, les crucifix rares et les rues gorgées d'eau...

LETTRE XXVIII

Zélis à son amie Zachi
La Ville, le 4 mai 2123

Chère Zachi,

Depuis deux mois que nous avons échangé nos places, moi dans ta ville et toi sur mes terres, moi dans ton siècle et toi dans le mien, je vais d'étonnement en étonnement. Non que je trouve ta ville plaisante, je n'ai de toute façon jamais eu de goût pour les villes, et trois cents années ne m'ont pas fait varier sur ce point. Mais pour ce qui est des hommes et des femmes de ton temps, que de splendeurs j'ai découvertes ! Tes contemporains ont le teint le plus beau et les plus belles dents, les plus beaux yeux du monde, une tournure admirable, les os et le dos bien droits, et des chevelures si opulentes ! Et que de blondes ! Et ils sont presque tous gras à merveille. Cependant, j'aurais quelque chose à dire de leur taille. Chaque fois que je sors, je me crois à une foire de géants. Pas un ni même une qui ne me dépasse parfois de plusieurs têtes ! Tu dois, de ton côté, te croire à Lilliput. Il paraît que c'est de bien manger qui fait gagner en hauteur et en beauté. Tu n'en rencontreras pas autant sur les terres de mon père car, hélas, nous avons une nette pente à mourir de faim, surtout au début du printemps.

Je me trouve assez bien logée, et tes appartements sont charmants. Je les ai d'abord jugés étroits, mais il faut convenir qu'on y profite de toutes les commodités : c'est partout la suffisance, d'eau (délicieusement froide ou chaude, et que l'on peut boire !), de repas frais (quelle merveille que ces machines refroidissantes !), même si les viandes y sont rares et les racines dépourvues de goût (quel régal que toutes ces épices, jamais je n'ai vu tant de poivre !), abondance de lumières, même au cœur de la nuit, et de musiques, quoique je sois déconcertée de ne jamais voir les musiciens. Enfin, il me semble parfois que je suis au paradis. Cependant, je n'ai jamais supposé que le paradis fût si chaud. Ah ! Bon Dieu, on crève par chez vous ! J'en viens presque à regretter mes frimas. Il paraît qu'il y a longtemps que vous ne voyez plus de neige ni même de givre ou de bise ; que vous ne connaissez les engelures que de nom, et que vous n'avez jamais patiné sur votre fleuve pris par les glaces. Par contre, vous semblez bien servis en grêle, tempêtes, tonnerre, foudre et ouragans.

Je suis heureuse de me trouver à l'aise chez toi, car en sortir n'est pas chose aisée. Marcher dans les rues de ta ville est une épreuve. On n'y marche pas : on y pagaye ou on y nage. Et puis, je m'y perds sans recours, tant elle est grande ! Elle semble aussi vaste que toutes les terres de mon père, et sans doute l'est-elle, mais je ne suis pas géomètre. Certaines de ses maisons sont si hautes qu'elles ne peuvent héberger que les peuples de la

Lune; et si couvertes de vitres qu'elles réfléchissent impitoyablement tous les feux du ciel. Ainsi, la plupart de ces minarets sont inhabités, car devenus invivables, paraît-il. Et comme les habitants de cet atome qu'on nomme « Terre » ne sont plus si nombreux qu'il y a un siècle, quantité de places sont vacantes, tant en ville que dans les provinces.

J'ai quand même été fort étonnée de trouver vos rues tout en eau. On m'a appris que cela n'a pas toujours été le cas, et, en me penchant par-dessus le bastingage des barques que j'emprunte, j'aperçois souvent des pavés couverts d'algues à trois brasses de là. Toutes sortes de constructions en ruine sont plus qu'à demi émergées, aussi faut-il conduire son esquif avec précaution pour ne pas aller donner dans un faîtage qui affleure.

J'ai pu accoster des lieux plus au sec, des collines toutes rôties s'élevant au milieu des lacs, des cours d'eau et des marais, pour me mêler à la foule. J'ai été effarée par l'égalité apparente des fortunes, du moins celles des piétons. On n'y voit guère d'uniformes, de livrées, d'habits ni de haillons, très peu d'ornements, aussi est-il difficile de distinguer au premier coup d'œil la canaille des gens de qualité, le lettré du rustre et même, l'homme de la femme. On m'a expliqué qu'il suffit de s'y connaître et que tel couvre-chef, qui ressemble parfaitement à tel autre, porte une marque indiquant qu'il vaut mille fois plus que sa voisine, et que personne ne s'y trompe hors moi. Il semble aussi que le prix soit une différence suffisante pour tracer une ligne bien nette entre gens de bien et gens de peu. Chez moi, la naissance est tout et le bien pas grand-chose, tant qu'on en a.

La différence est plus claire en ce qui concerne les carrosses. Il n'y a rien de plus beau, de plus gros, de plus luisant que vos carrosses, ni de plus dangereux tant ils sont vifs et silencieux. Les personnes qui les conduisent se croient, de façon évidente, les heureux de ce monde, et leur air supérieur va jusqu'à l'extravagance. Je trouve cela étonnant de la part de simples cochers ! Il n'en est pas de même de toutes ces vinaigrettes à propulsion mécanique qui roulent tantôt sur quatre roues, tantôt sur trois ou deux, ou même une seule : les conducteurs sont des gens farauds, d'une impertinence sans égale, d'une mauvaise humeur constante, et j'ai cru mourir plusieurs fois tandis qu'ils me dépassaient à des vitesses effarantes en tenant des propos qu'heureusement le vent de la course a emportés.

Je confesse que, même à vitesse raisonnable, je peine à comprendre le français tel que vous le parlez. On dirait un patois brassé par le monde entier ! D'innombrables mots et autant d'accents viennent d'au-delà des Pyrénées et des plaines flamandes, des steppes d'Asie et des rives de la Méditerranée, et le débit est aussi précipité qu'un torrent de montagne. On croirait vraiment, à les entendre, que tous ces gens-là n'ont pas mangé du jour et qu'ils se régalent de mots.

Une autre chose m'a confondue tandis que je me promenais sur vos collines, c'est l'impudeur des femmes et même des hommes. Jambes et bras sont mis à l'étal, les chevelures se déploient autant que les calvities, tout se voit, rien n'est caché ni même gazé, tout est bruni par votre impitoyable soleil, et je rougis toutes les minutes devant des peuples de genoux, pour ne pas dire pis.

Je suis par contre peinée du peu de foi qui subsiste. Le son des cloches, qui chez moi résonne depuis matines jusqu'à vêpres à rompre les têtes, me paraît désormais bien discret, et l'on ne croise plus guère de crucifix, de reposoirs ni de chapelles. J'ai aperçu des religieuses, mais il paraît que leur foi repose sur l'Alcoran, aussi me suis-je faite discrète car je n'ai aucune lumière sur ce texte. Je me demande de quelle façon vous abordez les angoisses du trépas avec si peu de secours spirituel, même s'il est vrai qu'on ne semble guère mourir par chez vous. Ou du moins, quand on meurt, c'est toujours au loin.

Ainsi, je me trouve aussi bien dans tes appartements, où je découvre mieux ton monde en images animées. J'ai d'abord cru que les gens qui y apparaissent se cachaient derrière la toile de l'écran comme derrière une toile de théâtre, puis j'ai soupçonné quelque diablerie, enfin j'ai décidé de vous faire confiance et je m'y suis accoutumée. C'est un fameux spectacle, surtout pour ce qui touche à votre gouvernement. J'ai vite compris que je n'y comprendrais jamais rien. Il me semble simplement que ceux qui vous dirigent sont un nombre infini et se prennent sans cesse aux cheveux. Ils échangent des propos parfois malséants, mais surtout fort menus. Ils se scandalisent les uns les autres au moyen de petites piques venimeuses, aussi ne reste-t-il que peu de temps pour aborder la matière principale, qui est, si je ne m'abuse, le bien commun. Et, bien qu'ils parlent constamment des pays les plus lointains, et même des habitants de la Lune et d'autres planètes, ils ne s'y rendent guère et tout se déroule plutôt entre deux travées écarlates ou sur des scènes fortement éclairées. Quand je dis *ils*, je devrais ajouter *elles*, car il y a là-dedans autant de femmes que d'hommes et elles crient tout aussi fort.

Tu ne trouveras pas la situation plus simple chez moi : le roi commande et aussitôt, dans tout le royaume, ses sujets désobéissent, ou lui font des remontrances, ou se soulèvent. Mais enfin, il est de bon ton d'aimer le roi, ou du moins de paraître le respecter, quoique nul ne l'ait choisi fors Dieu, alors qu'il me semble que votre reine, tout intermittente qu'elle soit et désignée par l'ensemble du peuple, est la créature la plus haïe et la plus méprisée de votre nation. Il faudra que tu m'éclaires sur tout cela.

Il vient bien du monde chez toi, et ta famille ne se fait pas faute de me présenter à chacun. Je suis étonnée par leur familiarité. Sitôt que je fais une nouvelle connaissance, elle se croit en devoir de m'étouffer de ses deux bras. Ce n'est ni dans mes goûts ni dans mon éducation. Mais il entre, dans ces privautés, tant d'enthousiasme que je ne peux m'empêcher d'en rire. En tout cas, je suis accueillie agréablement. On me juge un peu étrange, mais je crois que cette étrangeté suscite plus la curiosité que le dégoût. Pour ma part, je juge étranges ces assemblées où tout le monde a passé la fleur de l'âge. Il paraît qu'être vieux est la mode de ton siècle.

Je n'ai souvent rien de mieux à faire que d'étudier la compagnie qui m'entoure, et j'y prends beaucoup de plaisir. Il n'est rien de si propre et de si parfumé. La plupart des convives font de grands gestes et parlent fort, avec pour seul objet de faire rire le plus de gens possible aux dépens du plus de gens possible aussi. D'autres semblent s'abstraire de tout ce bruit et poursuivent, sur les petites machines plates et vitrées qui ne quittent pas leur paume, une quête qui les absorbe. Je suppose qu'ils consultent quelque texte, car je vois leur index glisser sur la vitre de leur machine comme s'ils feuilletaient un livre qu'ils remontent parfois de quelques pages en arrière. D'autres usent de lorgnettes de théâtre qu'ils portent à leur bouche. Ils exhalent ensuite de longues bouffées de fumée très sucrée et semblent trouver cela aussi naturel que de trop parler ou trop boire.

En effet, tout ce monde absorbe force liqueurs, de sorte qu'au bout de deux heures, je n'y tiens plus tant la causerie devient bruyante et insensée. Certains s'adonnent au tabac, non pas prisé, mais brûlé. C'est sûrement une médecine car l'odeur en est repoussante et l'effet remarquable, puisque chacun jouit d'une santé merveilleuse : je ne vois jamais d'apostume, de fluxion ni de chassie, nul hydropique, aucun valétudinaire. Et pourtant, personne ne se fait jamais saigner ni purger ; c'est à n'y rien comprendre.

Toutes ces personnes sont très policées ; l'expression de la plus légère émotion (hors l'hilarité) passe pour une faute de goût. Elles font cependant preuve d'un chagrin constant, même s'il est toujours exposé sur le ton du badinage. Elles ont sans cesse quelque chose de dur à dire sur le gouvernement, sur la marche des affaires, sur tel et tel scandale au sujet duquel les gazettes animées radotent si bien qu'on les croirait destinées à un public de serins. Pis ! Elles paraissent aussi très mécontentes de leur charge ou de leur office, quels que soient ces charges et ces offices, des pensions qui leur sont versées, des taxes qui pèsent sur elles, de leur sommeil, de leur table, et même de leur chair. Celle-ci ne leur convient jamais tout à fait : les corpulents veulent être maigres, les maigres veulent être bâtis comme des portefaix, les teints olivâtres veulent éclaircir, les carnations pâles veulent noircir, enfin il semble que tout le monde feuillette un album de gravures de mode en cherchant ce qui lui revient le mieux et lui sera le plus difficile. Cela me donne des envies de sortir de moi-même qui, sûrement, m'encombreront quand je regagnerai mon siècle. Comme tu es sans doute en train de le découvrir, on n'y connaît que deux genres qui sont l'homme et la femme, l'un commandant et l'autre faisant mine d'obéir, et deux tournures, la grasse et la mal nourrie, la seconde enviant la première qui la regarde avec une hauteur offensante.

De tout cela, il advient que je n'arrive pas à distinguer les couples. Parfois, je vois deux personnes qui parlent entre elles fort bas, il me semble qu'elles forment une union bien assortie. Puis j'apprends qu'elles sont amies depuis Charles le Chauve ou, au contraire, des connaissances de la veille ; et que leur moitié est à l'autre bout de la pièce ou du monde. Aussi ai-je abandonné l'idée de comprendre quelque chose à votre carte du Tendre.

Adieu, j'espère avoir bientôt de tes nouvelles. Tu pourrais, chère Zachi, avoir une plus agréable correspondante, mais non pas une qui te soit plus acquise ni plus sincèrement ta très humble servante.

Zélis

Zachi à son amie Zélis
Château de La Ferté-Vidame, le 6 juin 1723

Chère Zélis,

J'avoue, quand je suis arrivée chez toi, j'ai commencé par me sentir carrément malheureuse. Il fait un froid de pingouin, quand il ne neige pas, il pleut ou il bruine, le temps est abominable, il y a de la boue partout et quand ce n'est pas de la boue, c'est de la crasse. Et surtout, il fait sombre. J'étais prévenue, mais je n'imaginais pas à quel point la nuit se lève tard, tombe vite, et surtout à quel point elle est noire ! Il fait noir dès le coucher du soleil, noir dedans, noir dehors, noir à l'horizon et noir jusque sur mes propres pieds. Et vos chandelles n'éclairent rien du tout ! J'ai demandé des bougies, on m'a ri au nez. Bref, rien de mieux à faire que de se mettre au lit et d'y rester. Ce qui n'est pas facile tant qu'on n'est pas habitué à ce qu'il soit habité par autant de bestioles. Je viens de passer deux mois à me gratter !

Mais dès que le printemps a commencé, j'ai osé mettre le nez dehors… en fait, j'ai passé deux jours à pleurer. Et je pleure encore tous les jours. J'ai vu votre nature, et j'ai fondu en larmes. Je ne savais pas, je ne savais pas qu'il y aurait autant de fleurs, et d'insectes, et d'oiseaux ! Dès l'aube, ils chantent, ils pépient, ils gueulent ! On a l'impression qu'ils sont cent mille ! Le premier matin, je suis sortie du château et j'ai découvert, à perte de vue, la campagne… Il n'y a pas une ligne droite, rien, tout est en courbes ! Moi qui suis habituée aux tracés des routes, des autoroutes, des glissières, des fils électriques, cela m'a fait drôle. Tout est vallonné, arboré, et d'un vert incroyable ! Je me suis jetée dans un champ et en deux pas, j'ai fait fuir mille grenouilles et lever un ouragan de papillons bleus ! Comme si le ciel lui-même se soulevait en confettis pervenche ! Qu'avons-nous fait, chère Zélis, qu'avons-nous fait ?

La nuit, maintenant, je vais sur la plus haute terrasse du château. Allongée sur le sol, je regarde les étoiles. Je ne savais pas qu'il y en avait une quantité pareille, ni qu'elles étaient aussi brillantes et qu'elles avaient autant de couleurs. Je regarde la Voie lactée tourner au-dessus de moi comme un gigantesque diadème, tellement longtemps que j'en ai le vertige. Tu ne verras pas cela chez moi. Nous avons tout pollué, même la lumière, même l'obscurité. Alors je pleure, je pleure et je me gratte, voilà tout ce que j'ai à dire. Qu'avons-nous fait, nous tous ?

Amicalement,
Zachi

NOTES ET BIBLIOGRAPHIE

Lettre IV, Jean-François Clervoy

1. Carl Sagan, *Cosmos* (Random House, 1980)

Lettre VI, Lê Nguyên Hoang

2.Roland Moore-Colyer, « ChatGPT potentially exposed users' credit card info — what you need to know », Tom's guide, 28 mars 2023.

3. Jeff Dean, « Introducing Pathways: A next-generation AI architecture », Blog Google 28 octobre 2021.

4. Conférence « Extracting Training Data from Large Language Models », 30th Usenix Security

5. « Le licenciement polémique de Timnit Gebru, qui travaillait chez Google sur les questions d'éthique liées à l'IA », *Le Monde*, 05 décembre 2020.

6. Kim Zetter, « Google Hack Attack Was Ultra Sophisticated, New Details Show », *Wired*, 14 janvier 2010.

7. « Former Twitter Employee Found Guilty of Acting as an Agent of a Foreign Government and Unlawfully Sharing Twitter User Information », communiqué de presse du Département de la Justice des Etats-Unis, 10 août 2022.

8. « La cybersécurité des entreprises - Prévenir et guérir : quels remèdes contre les cyber virus ? », Rapport d'information n° 678 (2020-2021), déposé le 10 juin 2021.

9. « Reconnaissance faciale : sanction de 20 millions d'euros à l'encontre de CLEARVIEW AI », communiqué de la CNIL, 20 octobre 2022.
10. Lê Nugyên Hoang, « ChatGPT : « Alors que les nouvelles technologies bouleversent nos sociétés, leur régulation est arriérée », *La Croix*, 15 mai 2023
11. « Myanmar: Facebook's systems promoted violence against Rohingya; meta owes reparations », communiqué de presse d'Amnesty International, 29 septembre 2022
12. Lê Nguyên Hoang « Les grands modèles de langage : quels risques ? », entretien publié par le Conseil national du Numérique, 23 juin 2023.

Lettre XXIII, Laélia Véron

13. Merci à Christophe Benzitoun (maître de conférences en linguistique française à l'université de Lorraine), Guillaume Fondu (philosophe et chercheur associé au Laboratoire interdisciplinaire d'études sur les réflexivités LIER-FYT), et Cécile Chapon (agrégée de lettres modernes) qui ont relu et discuté ces textes. Le deuxième scénario « Privatisations » s'inspire de la nouvelle « Les Hauts-Parleurs » (Mango, 2002) d'Alain Damasio (écrivain de science-fiction française).

Lettre XXIII, Barbara Glowczewski

14. B.Glowczewski et G. Pruvost (dir), *Des énergies qui soignent en montagne Limousine*, Éd. Maiade, 2021. Enquête collective de sept étudiants du master d'études environnementales de l'EHESS.
15. *La Bête et l'Adversité,* Bâtiment d'art contemporain, 2016 ; voir catalogue de l'association artistique Utopiana, et aussi B. Glowczewski et Clarissa Alcantara, « Cosmocores - Performance Fílmica de Incorporações no Brasil e Conversa com a Preta Velha Vó Cirina; Cosmocolors – A performance with films of Brazilian incorporations and a conversation with the spirit Preta Velha Vo Cirina », (pdfs Portuguese & English) GIS - Gesto, Imagem e som. Revista de antropologia, 2017: http://dx.doi.org/10.11606/issn.2525-3123.gis.2017.129204.

16. Donna Haraway, *Vivre avec le trouble*, Vaulx-en-Velin, Les éditions des mondes à faire, 2020. Traduction de l'anglais (États-Unis) : Vivien García. Titre original : *Staying with the Trouble : Making Kin in the Chthulucene*, Durham et Londres, Duke University Press, 2016.
17. B. Glowczewski, *Les Rêveurs du désert. Avec les Warlpiri de Lajamanu*, Actes Sud/Babel (2017, 1re éd. Plon 1989) ; Rêves en colère, Plon/Terre humaine/Pocket (2023, 1re éd. 2004).
18. B. Glowczewski, *Lajamanu. 40 ans avec les Warlpiri*, 53', 2018 : https://vimeo.com/290889175
19. B. Glowczewski, avec la collaboration de Lex Wotton, *Guerriers pour la paix. La condition politique des Aborigènes vue de Palm Island*, Indigène éditions, 2008 ; *Réveiller les esprits de la Terre*, édition du Dehors, 2021.

Lettre XXV, Michael Roch

20. Jean Bernabé, Patrick Chamoiseau & Raphaël Confiant. 1989. *Éloge de la créolité*. Paris : Éditions Gallimard : 53-54.

Lettre XXVI, Vincenzo Susca

21. *Vivre avec le trouble*, de Donna J. Haraway (Les éditions des Mondes à faire, 2020).
22. *TAZ, Zone autonome temporaire*, d'Hakim Bey (L'Éclat, 1998).

TABLE DES MATIÈRES

LETTRE I
Catherine Volpilhac-Auger
— De Montesquieu à Voltaire
p. 13

LETTRE II
François Gemenne aux électeurs
de Virginie-Occidentale
p. 19

LETTRE III
Philippe Pujol à Sabrina Agresti-Roubache
p. 27

LETTRE IV
Jean-François Clervoy à Carl Sagan
p. 35

LETTRE V
Najat Vallaud-Belkacem à Françoise Héritier
p. 43

LETTRE VI
Lê Nguyên Hoang à Pathways
p. 51

LETTRE VII
Cécile Alduy à sa fille
p. 61

LETTRE VIII
Gilles Marchand à Aladin
p. 69

LETTRE IX
Hanane Karimi à Layla
p. 79

LETTRE X
Élisabeth de Pourquery
au biographe de Salah Abdeslam
p. 91

LETTRE XI
Lydie Lescarmontier à Jules Dumont d'Urville
p. 99

LETTRE XII
Jean-Charles Samuelian-Werve
à l'adolescent qu'il était
P. 107

LETTRE XIII
Coco à Dieu
p. 115

LETTRE XIV
Younès Boucif à 14h22
p. 121

LETTRE XV
Thomas Coville à Laurent de Wilde
p. 131

LETTRE XVI
Raphaël Dallaporta à vous, lecteur
p. 139

LETTRE XVII
Mercedes Erra
— De Yalda à Shakila
p. 145

LETTRE XVIII
Michaël Fœssel à Stefan Zweig
p. 155

LETTRE XIX
Camille Aumont Carnel
à son cœur qui bat dans son sexe
p. 163

LETTRE XX
Philippe Huneman à Karl Marx
p. 171

LETTRE XXI
Rim Battal à sa sœur
p. 185

LETTRE XXII
Laélia Véron au lecteur du futur
p. 197

LETTRE XXIII
Barbara Glowczewski à ses filles
p. 209

LETTRE XXIV
Éric Salobir à une jeune intelligence artificielle
p. 219

LETTRE XXV
Michael Roch au nouveau préfet de la Martinique
p. 225

LETTRE XXVI
Vincenzo Susca à Charlie Brooker
p. 231

LETTRE XXVII
Claudia Attimonelli
— De Yorkie à Charlie Brooker
p. 241

LETTRE XXVIII
Catherine Dufour
— De Zélis à Zachi
p. 251

Directeur général
Jérôme Ruskin

Directeurs de collection
Blaise Mao
Elisa Thévenet

Directrice de production
Johanna Finkelstein – avec Edgar Vigier

Direction artistique
Adeline Murier – avec Zoé Binet

Maquettiste
Sandra Girollet

Illustration de couverture
Petra Eriksson

Secrétaires de rédaction
Nadine Esquerre-Boucher
Jordy Niess

Auteurs
Cécile Alduy, Claudia Attimonelli, Camille Aumont Carnel, Rim Battal, Younès Boucif, Jean-François Clervoy, Coco, Thomas Coville, Raphaël Dallaporta, Catherine Dufour, Mercedes Erra, Michaël Fœssel, François Gemenne, Barbara Glowczewski, Lê Nguyên Hoang, Philippe Huneman, Hanane Karimi, Lydie Lescarmontier, Gilles Marchand, Élisabeth de Pourquery, Philippe Pujol, Michael Roch, Éric Salobir, Jean-Charles Samuelian-Werve, Vincenzo Susca, Najat Vallaud-Belkacem, Laélia Véron, Catherine Volpilhac-Auger

QUI SOMMES-NOUS ?

Usbek & Rica est le média qui explore le futur. Sur papier, avec une revue trimestrielle dont le premier numéro est paru en juin 2010, mais aussi en ligne, sur la plateforme *usbeketrica.com*. Au-delà des publications de la rédaction, *Usbek & Rica* a créé le Tribunal pour les Générations Futures, un format de conférence-spectacle en forme de procès, ainsi qu'un Studio pour accompagner les entreprises et les institutions dans leur réflexion autour des grands enjeux d'avenir. *Les Nouvelles Lettres Persanes* est la première collection de livres des éditions Usbek & Rica.

Les *Nouvelles Lettres Persanes* est un ouvrage
réalisé par Les éditions Usbek & Rica, imprimé
en septembre 2023 par Corlet Imprimeur,
Zone Industrielle Ouest, Rue Maximilien-Vox,
14110 Condé-en-Normandie

Dépôt légal : septembre 2023
ISBN : 978-2-9581568-7-9
Numéro d'imprimeur : 2308.0066
(Imprimé en France)

PEFC 10-31-1510 / Certifié PEFC